GOLDMANN

Lesen erleben

Buch

Geldanlage und Altersvorsorge sind vertrackte Themen – wichtig für jeden, zugleich aber oft komplex, undurchsichtig, spaßfern. »So geht Geld«, ein Kompass für verunsicherte Verbraucher, schafft Klarheit:

- Warum Berater versagen – und wie man souverän mit Banken und »Finanzexperten« umgeht.
- Warum Sparer bei Fonds skeptisch sein sollten.
- Warum bei der Geldanlage nichts so gefährlich ist wie das Folgen einer Mode.
- Welche Versicherungen und Vorsorgeverträge man braucht – und welche nicht.
- Wie man klug und sicher Vermögen bildet.

Autor

Michael Braun Alexander, Jahrgang 1968, studierte in Oxford, Bologna und Washington D.C. Wirtschafts- und Politikwissenschaften. Er war Chefredakteur der Zeitschrift *Finanzen*, aus der das deutsche Wirtschaftsmagazin *€uro* hervorging, und langjähriger Geldkolumnist der *Freundin*. Nach Stationen als Auslandskorrespondent in New York und London lebt Braun Alexander zurzeit in Mumbai, wo er u.a. für *€uro*, *€uro am Sonntag* und *BörseOnline* berichtet.

Michael Braun Alexander

So geht Geld

Richtig sparen,
vorsorgen & anlegen

GOLDMANN

Die Ratschläge in diesem Buch wurden vom Autor und vom Verlag sorgfältig erarbeitet und geprüft, dennoch kann eine Garantie nicht übernommen werden. Die ausgesprochenen Empfehlungen erfolgen nach bestem Wissen und Gewissen (Stand Sommer 2014). Sie dienen der Unterrichtung und stellen keine Aufforderung zum Kauf oder Verkauf von Wertpapieren, Versicherungs- oder Anlageprodukten dar. Eine Haftung des Autors beziehungsweise des Verlags und seiner Beauftragten für Personen-, Sach- und Vermögensschäden ist ausgeschlossen.

Verlagsgruppe Random House FSC® N001967
Das für dieses Buch verwendete FSC®-zertifizierte Papier *Classic 95*
liefert Stora Enso, Finnland.

4. Auflage
Aktualisierte Originalausgabe 2014
Diese Buch ist unter der Titelnummer 17118
bereits im Goldmann Verlag erschienen.
© 2014/2010 Wilhelm Goldmann Verlag, München,
in der Verlagsgruppe Random House GmbH
Umschlaggestaltung: Uno Werbeagentur, München
Umschlagillustration: Fine Pic, München
Satz: Buch-Werkstatt GmbH, Bad Aibling
Druck und Bindung: GGP Media GmbH, Pößneck
CH · Herstellung: IH
Printed in Germany
ISBN 978-3-442-17450-8

www.goldmann-verlag.de

Inhalt

Vorwort zur aktualisierten Ausgabe

In den vier Jahren, seit die Erstausgabe von *So geht Geld* erschien, wurden die Spielregeln, die Sparern und Privatanlegern jahrzehntelang als Orientierungshilfe gedient hatten, neu geschrieben. Eine spektakuläre Schuldenkrise, die in Staatspleiten in Griechenland und Zypern gipfelte, hat Europa die strukturellen Schwächen der Gemeinschaftswährung aufgezeigt und die Welt an den Rand eines finanzsystemischen Zusammenbruchs geführt. Was für ein Durcheinander.

Die Folgen für Sparer und Anleger in Deutschland (und in der ganzen Welt) sind dramatisch – selbst heute, nachdem das Schlimmste vorläufig überstanden scheint. Denn die historisch niedrigen Zinsen, mit deren Hilfe die Notenbanken der Welt die Krise zu bewältigen versuchen, schmerzen weiterhin und werden, soweit heute absehbar, noch lange auf Tiefstniveau verharren. Vermögensbildung und Altersvorsorge, schon immer kompliziert, zeitaufwändig und für die meisten von uns eine spaßfrei-lästige Herausforderung, sind damit noch einmal schwieriger und komplexer geworden. Wer sich mit dem Gedanken trägt, in den nächsten 20 oder 30 Jahren eine bestimmte Summe für den Ruhestand anzusparen, muss angesichts der fast bei null angelangten Zinsen nun massiv mehr auf die Seite legen, um dieses Ziel jemals erreichen zu können.

Drei der beliebtesten Anlageformen in Deutschland – Kapital-Lebensversicherungen, Bausparverträge und Sparbücher – sind durch die vorherrschenden Niedrigzinsen ins Abseits gedrängt worden. Nicht einmal einen guten »Parkplatz« für kurzfristig nicht benötigtes Geld gibt es heute noch. Die Tagesanleihe des Bundes, in der Erstausgabe dieses Buchs ausführlich beschrieben und empfohlen, wurde von der Bundesregierung kurzerhand ausrangiert. Und selbst wenn es sie noch gäbe: Es würde sich nicht mehr lohnen, sie zu nutzen.

Wer Aktien, Eigenheim oder Edelmetall besaß, ist heute dagegen mit großer Wahrscheinlichkeit reicher als noch 2010, möglicherweise sogar deutlich reicher. Die Aktien- und Immobilienmärkte haben vier ausgesprochen gute Jahre hinter sich – nicht zuletzt weil Sparer händeringend nach Anlagealternativen für ihr Geld suchten und suchen. Der Goldpreis wiederum sah 2013 einen herben Einbruch, ist in der längerfristigen Betrachtung allerdings ebenfalls deutlich gestiegen. Aus gutem Grund, wie ich meine.

All diese Trends, die sich in einem kurzen Zeitraum von nur vier Jahren abgezeichnet haben, sind Grund genug, *So geht Geld* gründlich zu überarbeiten und um einige wichtige Aspekte – insbesondere das neue Kapitel über Edelmetalle – zu ergänzen. Geld geht heute einfach anders als noch 2010.

Prognosen sind bekanntlich schwierig, besonders wenn sie die Zukunft betreffen; aber ich wage die Voraussage, dass die nächsten vier Jahre für Sparer und Anleger ähnlich turbulent werden wie die vergangenen es waren. Die Symptome der Krise sind mit Niedrigzinsen gelindert worden, die Ursachen gären weiter. Dass wir nach fünf insgesamt guten Jahren für Aktionäre früher oder später einen Börsenabschwung sehen, vielleicht sogar einen klassischen Crash, ist meines Erachtens wahrscheinlich. Heute ist angesichts der aktuellen Rekordmarken in den Aktienindizes der westlichen Welt ein idealer Zeitpunkt, um sich darauf vorzubereiten. Mit Umsicht und Gelassenheit natürlich – zwei Eigenschaften, die bei allen Fragen rund ums Geld hilfreich sind.

Michael Braun Alexander
Mumbai, im Juni 2014

I. Einleitung

Kapitel 1:

So geht Geld

Die Deutschen sind, was ihr Geld und ihre Finanzen angeht, in der Mehrzahl leichtgläubig, eine Spur verantwortungslos und leider auch gelangweilt. In weiten Bevölkerungskreisen ist es völlig normal, keine Ahnung von Wirtschaft, Finanzfragen und Gelddingen zu haben. Dies gilt in allen Gesellschaftsschichten, selbst in Kreisen, in denen eine solide, umfangreiche Ausbildung die Norm ist.

In den Monaten, in denen die Erstausgabe dieses Buches entstand, tobte an den Finanzmärkten die größte Krise seit Anfang der 1930er-Jahre. Die Wirtschaftsleistung praktisch aller Länder auf Erden sank oder wurde zumindest erheblich in Mitleidenschaft gezogen. Begonnen hatte alles – das war immerhin in der Öffentlichkeit angekommen – mit einer mysteriösen »Subprime-Krise« in den USA, die im Zweifel irgendwelche verantwortungslosen Banker verzapft hatten: »Finanzhaie«, »Heuschrecken« und andere mutmaßliche Verbrecher. Die meisten Börsenindizes brachen damals um 40 bis 80 Prozent ein – und damit sank auch das Anlagevermögen vieler Aktionäre und Fondsbesitzer in ähnlichem Umfang. Die Arbeitslosigkeit stieg weltweit rasant, auch bei uns. Viele Unternehmen, die noch achtzehn Monate zuvor zu den größten und am meisten bewunderten der Welt gehörten, gingen pleite oder mussten von Regierungen gerettet werden. Wenig später gerieten die Staaten selbst in Schwierigkeiten, allen voran Island, Griechenland und Zypern, aber auch Portugal, Spanien und Italien. Der Begriff der »Rettungsroutine« wurde 2012 zum »Wort des Jahres« gekürt.

Bestenfalls einer von hundert Deutschen kann heute die Hintergründe dieser dramatischen Wirtschafts- und Finanzkrise, deren Ursachen sich über viele Jahre hinweg aufgebaut hatten, halbwegs plausibel erklären. Viele kennen nicht einmal den Unterschied zwischen einer Aktie und einer Anleihe, die etwa so viel miteinander gemeinsam haben wie Apfel und Aalsuppe.

Das Unwissen der Verbraucher in Finanzdingen ist frappierend. Das klingt, ich weiß, fast fies; es ist indes nicht so gemeint. Ich gebe mich lediglich – nach nunmehr fast 20 Jahren als Wirtschaftsjournalist und mehr als 25 Jahren an der Börse – keinen Illusionen mehr hin: Die Deutschen haben ein echtes Problem in Sachen Geld und Geldanlage. Sie haben in der Mehrzahl tatsächlich nicht den Hauch einer Ahnung. Das ändert nichts daran, dass sie sich bei diesem Thema generell für schlau und gut informiert halten.

Missverstehen Sie mich nicht: Unwissen in komplizierten Finanzdingen – oder auf anderen Gebieten – ist überhaupt keine Schande. Die Liste der Gebiete, auf denen ich persönlich mich nur sehr eingeschränkt oder gar nicht auskenne, ist furchtbar lang. Probleme beginnen nicht damit, dass man nichts weiß; sie beginnen damit, dass man keine Fragen mehr stellt, wenn man etwas nicht weiß. Wenn man es sich in der Ahnungslosigkeit bequem macht und trotz begrenzter Kenntnisse folgenreiche Finanzentscheidungen trifft. Denn mangelndes Wissen hält die Bundesbürger keineswegs davon ab, Geldanlagen aller Art zu nutzen und einen Vorsorge- oder Versicherungsvertrag nach dem anderen zu unterzeichnen. Die wichtigsten – in Deutschland gehören Kapital-Lebensversicherungen, Riester-Renten und Bausparverträge zu den Spitzenprodukten – sind in ihrer Machart so komplex, dass sie selbst für viele Experten nicht in allen Details durchschaubar sind, insbesondere im Hinblick auf die Kosten (also die Gebühren), die mit einem Abschluss verbunden sind.

Erschreckend viele Verbraucher tun dennoch das, was ihr Bankberater ihnen empfiehlt. Oft fallen dann Sätze wie »den kenne ich schon so lange« oder »die ist immer total nett«. Dass es an dieser Stelle keineswegs nach Nettigkeit gehen sollte, kommt ihnen nicht in den Sinn. Ein ideales Umfeld, um sehenden Auges ins Unglück zu laufen.

Ein Beispiel, das ich so oder ähnlich viele Male erlebt habe: Bei einem Abendessen in größerer Runde kommt das Gespräch auf Wirtschaft, Börse, Geldanlage. (Selbst mir fallen Themen ein, die interessanter wären, doch mitunter unterhalten sich Menschen tatsächlich freiwillig darüber.) Mit einem gewissen Stolz in der Stimme berichten dann stets einige, dass sie sich darüber keine Gedanken machten – sie hätten schließlich »Fonds«. Manchmal nicken andere, die sich möglicherweise noch nie mit der eigenen Altersvorsorge beschäftigt haben, an dieser Stelle respektvoll. »Fonds. Wie beeindruckend.«

»Fonds« sind ein schöner Ausgangspunkt, sicher. Doch hakt man vorsichtig nach, um was für Fonds es sich dabei handelt, erntet man leere Mienen. Ob es dabei um Aktienfonds, Rentenfonds, Mischfonds, Dachfonds, Offene oder Geschlossene Immobilienfonds – oder womöglich Hedgefonds – geht, können schockierend viele Privatanleger nicht beantworten. Sie wissen einfach nicht, wie ihr eigenes Geld investiert wird. Genauso wenig haben sie eine Vorstellung davon, wie das Chance-Risiko-Profil ihrer Fonds aussieht und wie sie sich im Auf und Ab des Börsengeschehens schlagen könnten.

Warum auch, möchten an dieser Stelle vielleicht einige einwenden. Um es mit einem Vergleich zu sagen: Es ist ein wenig so, als ob man nach einer Mahlzeit aus einem Restaurant kommt und erklärt: »Herrlich, ja, wir haben gegessen.« Allerdings wissen die Herrschaften nicht, was auf dem Teller war. Fisch, Fleisch oder vegetarisch? – Keine Ahnung. Waren die Zutaten frisch, die Temperaturen der Speisen richtig? Achselzucken. Ist auch egal: Denn ob es geschmeckt hat, wissen die Gäste schließlich auch nicht. Nur die Rechnung war verdächtig hoch. Was ist von so einem Restaurantbesucher zu halten?

Ähnlich gehen viele Bundesbürger mit ihren Fonds – und ihrer Altersvorsorge im Allgemeinen – um. Dies gilt keineswegs nur für diejenigen mit relativ einfachem Ausbildungsniveau. Vielmehr fällt mir bei meiner Arbeit immer wieder auf, wie viele Menschen, die intelligent, beruflich erfolgreich und unabhängige Denker sind, bereitwillig ihren gesunden Menschenverstand aufgeben, sobald sie durch die Eingangstür einer Bank, Sparkasse oder Versicherungsfiliale treten. Aus meinem persönlichen Umfeld kommen mir spontan ein Arzt, ein selbstständiger Unternehmer, ein Opernregisseur, ein leitender Journalist, ein Hoteldirektor und ein Filmschaffender in den Sinn. Die Liste ließe sich beliebig fortsetzen. Mir fällt keine Berufsgruppe ein, die an dieser Stelle systematisch glänzen würde. (Bis zum Beweis des Gegenteils gehe ich fest davon aus, dass auch Finanzjournalisten und Bankmitarbeiter in Börsenkrisen regelmäßig ähnlich hohe Anlageverluste erleiden wie alle anderen – obwohl sie es als vermeintliche Experten eigentlich besser wissen müssten.) Die Folgen sind drastisch. Es ist stets eine teure Angelegenheit, den gesunden Menschenverstand beim Betreten der Bankfiliale auszuschalten.

Diese Situation kann man nicht anders als tragisch nennen. Die meisten von uns verbringen in ihrem Leben viel Zeit damit, Geld zu verdienen, sich selbst und die Familie zu ernähren, sich finanzielle Ziele zu stecken und zu erreichen. Der eine oder andere träumt vielleicht sogar davon, eines Tages reich und finanziell unabhängig zu sein, und verfolgt dieses Fernziel konsequent. Wenn wir einkaufen gehen, ist es eine Selbstverständlichkeit, Preise zu vergleichen und die Qualität des Gekauften kritisch unter die Lupe zu nehmen – erst recht, wenn es um etwas Hochpreisiges wie einen Computer, eine Waschmaschine oder ein Auto geht.

Nicht aber bei der Bank. Geht es um Geld, laufen wir wie die Lemminge alle in eine Richtung und wundern uns dann, dass es plötzlich abwärts geht.

Wie ist es dazu gekommen, dass die große Mehrheit der Bürger in einer der noch immer reichsten Volkswirtschaften der Welt so schockierend wenig Ahnung von Geld hat? Dafür gibt es meines Erachtens drei Gründe.

• Die privaten Finanzen sind für die meisten Menschen ein extrem **kompliziertes** Thema, dem der Großteil der Sparer hilflos gegenübersteht. Vier der am weitesten verbreiteten Anlagevehikel in Deutschland sind das Sparbuch, die Kapital-Lebensversicherung, der Bausparvertrag und die Riester-Rente. Drei dieser vier Sparformen – die Ausnahme ist das Sparbuch – haben eine für den Kunden weitgehend undurchsichtige Gebührenstruktur und demzufolge oft ausgesprochen hohe Kosten, die die Rendite empfindlich mindern. Der Abschluss jeder scheinbar langweiligen Kapital-Lebensversicherung – davon hat jeder Deutsche im Schnitt mehr als eine am Laufen – ist dank der komplizierten Gebührenstruktur eine deutlich größere Ausgabe als eine Waschmaschine. Den meisten Menschen ist dies nicht klar. Selbst diejenigen, die in einzelnen Bereichen hoch gebildet sind, sind in der großen Mehrzahl orientierungslos, was wirtschaftliche Zusammenhänge im Allgemeinen und Geld und Finanzanlagen im Besonderen anbelangt.

Allerdings haben sich auch die **Politik** und die staatlichen Stellen, die das Finanzwesen regeln, in den vergangenen Jahren nicht mit Ruhm bekleckert. Wenn eine Regierung (in diesem

Fall eine rot-grüne Koalition) so etwas wie die Riester-Rente verabschiedet, ist dies inhaltlich eine richtige Entscheidung. Allerdings ist die Ausgestaltung dieses Produkts so kompliziert, dass es schlicht eine Unverschämtheit ist. Ich habe die Hoffnung aufgegeben, dass deutsche Politiker jemals in der Lage sein werden, mit Gesetzen die Altersvorsorge so zu gestalten, dass sie für normale Menschen verständlich und nachvollziehbar wird.

- Wir alle lieben **Bequemlichkeit.** Es ist keine Schande, keine Ahnung zu haben – schließlich kann man alles lernen. Dazu kommt es oft aber nie: In der Schule gibt es fast keinen Wirtschaftsunterricht. Die meisten Abiturienten – und sogar viele Studierende – würden sich schwer damit tun, die Aufgabe und Funktionsweise einer Börse zu erklären. Nach der Schule macht es indes Mühe, und es gibt viele andere Verpflichtungen und Freuden im Spannungsfeld von Familie, Beruf, Freizeit. Fast niemand setzt sich nach Ende seiner Ausbildung an den Schreibtisch, um sich in die Materie einzuarbeiten.

Hier liegt das eigentliche Problem: Die Deutschen sind in der überwältigenden Mehrzahl nicht nur unbedarft und in weiten Teilen ahnungslos, was ihre Finanzen angeht. Sie sind leider auch zaudernd, unmotiviert und antriebsarm. Die meisten haben schlicht keine Lust, sich mit Geld- und Anlagefragen zu beschäftigen. Aus Bequemlichkeit geben sie die Verantwortung für ihr Erspartes an ihre Berater bei Bank, Sparkasse, Versicherung oder Anlagegesellschaft ab. Vielleicht am schlimmsten: Sie halten die Ratschläge der Berater – der angeblichen »Experten«, schließlich machen sie es beruflich – für relevant. Dies kann der Ausgangspunkt für beträchtliche Misserfolge sein. Weder im Frühjahr 2000 noch im Sommer 2007 – also zu Zeiten, an denen es richtig und wichtig gewesen wäre – warnten die »Experten« vor einem bevorstehenden Absturz der Weltbörsen. Anfang 2009, als der Weltuntergang (oder wenigstens der Kollaps des globalen Finanzsystems) zu nahen schien, wiesen nur wenige darauf hin, dass möglicherweise ein guter Zeitpunkt für einen Wiedereinstieg gekommen war. »Experten«, die einen nicht vor verheerendem Unheil bewahren können und regelmäßig ihr Timing verbaseln, sind Dilettanten.

- **Wir lernen nicht aus Fehlern** – oder ziehen die falschen Schlüsse. Natürlich kann sich eine Investmententscheidung früher oder später als falsch erweisen; es ist nicht anders als bei Entscheidungen im Beruf oder im Privatleben. Viele Menschen, die einen finanziellen Fehler gemacht – also Geld verloren – haben, lecken ihre Wunden und ziehen sich zurück. »Alles auf Nummer sicher«, lautet fortan häufig ihre Devise. Diese Gruppe, die sich in Finanzfragen in ihr Schneckenhaus zurückzieht und keinerlei Risiko mehr eingeht, ist geläutert. Es wäre eine viel bessere Alternative, Fehler offen zu analysieren und aus ihnen zu lernen. Doch dazu kommt es in einer Vielzahl von Fällen nicht. Wer einmal – sagen wir mit Aktien oder Aktienfonds – Geld verloren hat, verabschiedet sich oft (und oft zum ungünstigsten Zeitpunkt) von dieser Anlageform und versäumt damit in der Regel die besten Einstiegskurse: der nächste Fehltritt.

In der Summe gefährden und untergraben diese drei Eigenheiten die private Anlage und Altersvorsorge in Deutschland. Dieses Buch soll – in dem begrenzten Umfang, in dem ein recht kurzer Text dies leisten kann – einen Gegenpol bilden: einen **Überblick über das Wichtigste** geben (den Rest kann man später nachholen); zu **Eigenverantwortung** in Gelddingen ermutigen (Schluss mit Bequemlichkeit); und **Erste Hilfe** leisten, wenn finanzielle Fehlentscheidungen getroffen wurden (lernen statt Vogel-Strauß-Mentalität).

Im Mittelpunkt steht dabei nicht, wie die Finanzmärkte oder die einzelnen Vorsorgeformen in Deutschland im letzten Detail funktionieren. Das würde den Rahmen sprengen und Leserinnen und Lesern ein Höchstmaß an Geduld abverlangen. Vielmehr soll dieses Buch Verbrauchern eine erste **Orientierung** geben. Es soll einfache, verständliche und klare Handlungsanweisungen zu den wichtigsten Fragen rund ums Geld geben. Um das große Ganze geht es also, um die dicken Linien in Sachen Geld – nicht um die Feinheiten der Wertpapieranalyse. *So geht Geld* vereinfacht an vielen Stellen um des besseren Leseflusses willen. Die einzelnen Kapitel verlieren sich bewusst nicht im Kleinen, sondern setzen auf eine größere, umfassendere Perspektive: Was brauche ich als normaler Mensch eigentlich an Finanzprodukten – und was nicht? Und warum? Welche Risiken muss man beachten – und welche Chancen sollte man nicht aus dem Blick verlieren? Wem kann ich vertrauen – wem möglicherweise nicht?

Damit richtet sich dieses Buch nicht an versierte Anleger, die seit Jahren Börsenkenntnisse und -erfahrungen gesammelt haben. Dieser (zahlenmäßig relativ kleinen) Gruppe wird dieses Buch keine Freude machen, es dürfte sie langweilen. Für sie gibt es hunderte andere Titel, von denen viele lesenswert sind. Vielmehr soll *So geht Geld* jenen Verbrauchern eine Hilfe sein, deren Kenntnisse übersichtlich und die im Umgang mit Bankberatern und -produkten verunsichert sind. Meines Erachtens sind die Fragen, die hier angegangen werden, typisch für normale Menschen, die mit Finanz-Expertise nicht allzu vorbelastet sind. Es soll kein Lehrbuch sein, sondern ein Landkarte – nicht mehr, nicht weniger. Es versteht sich, dass eine Landkarte möglichst akkurat sein sollte, aber nie die eigentliche Reise und die Besichtigung der realen Landschaft ersetzen kann. Dafür ist jeder Einzelne selbst verantwortlich.

Wer nichts über Geld und Geldanlage weiß außer das, was in den einzelnen Kapiteln dieses Buches beschrieben wird, ist nach beendeter Lektüre sicher alles andere als ein Finanzexperte. Doch wer sich daran hält, wird im Wesentlichen schon eine ganze Menge richtig machen – und einige überflüssige (und kostspielige) Fehler, gerade im Umgang mit Banken, künftig vermeiden. Dies ist der zentrale Punkt: *So geht Geld* soll vor allem zu mehr Mut in Finanzfragen motivieren, zu selbstständigem Denken, zu einem bewussten Schritt hin zu mehr Selbstbewusstsein im Umgang mit »Experten« und zu mehr Eigenverantwortung.

Vergessen sollten Sie bei der Lektüre allerdings nicht, dass dies ein Buch ist, das den subjektiven Blickwinkel eines einzelnen Finanzjournalisten und Autors widerspiegelt. Die Empfehlungen und Tipps gebe ich nach bestem Wissen und Gewissen.

Aber ich bin – genauso wie jeder Berater oder »Experte« einer Bank – weder allwissend noch unfehlbar, was Geldentscheidungen anbelangt. Auch an dieser Stelle ist Mut zu einer abweichenden Meinung durchaus angebracht: Seien Sie kritisch mit den Meinungen in diesem Buch, prüfen Sie, hinterfragen Sie alles. Ohne das geht es nicht im Leben, erst recht nicht in Geldangelegenheiten.

Wenn ich Sie von etwas überzeugen kann – prima. Wenn Sie aber im Zuge Ihrer eigenen Recherchen feststellen, dass es etwas gibt, das für Sie in Ihrer Lebenssituation geeigneter ist: noch besser. Denn eine intelligente, alle Faktoren berücksichtigende Entscheidung für Ihr Leben kann Ihnen niemand abnehmen. Der Berater bei der Bank nicht, kein Zeitungsartikel und auch kein Journalist oder Buchautor. Prüfen Sie. Bewahren Sie den gesunden Menschenverstand. Fragen Sie und haken Sie nach. Filtern Sie das heraus, was in Ihrem persönlichen Leben eine Hilfe sein könnte. Und den Rest ignorieren Sie am besten – oder legen ihn auf Wiedervorlage.

Ein Wort zu den einzelnen Banken, Versicherungen oder Finanzdienstleistern, die an einigen Stellen im Text genannt werden: Nicht jede Aussage, die hier getroffen wird, wird jedem gefallen. Jedes Urteil – egal ob positiv oder kritisch – ist unabhängig von den betroffenen Unternehmen gefällt worden, und zwar überwiegend Mitte 2014. Beachten sollten Sie, dass sich Geschäftskonditionen ständig ändern – insbesondere in turbulenten Zeiten, wie wir sie seit Jahren erleben. Die Finanzmärkte wandeln sich von Tag zu Tag, Wertpapierkurse schwanken buchstäblich von Sekunde zu Sekunde – schneller, als man Bücher schreiben und umschreiben kann. Wie turbulent es zugehen kann, haben nicht zuletzt die vergangenen Jahre gezeigt, in denen das Weltfinanzsystem an den Rand des Abgrunds geriet. Zahlreiche einst unerschütterlich wirkende Finanzgiganten konnten nur mit staatlicher Intervention überleben oder rutschten, wie die US-Investmentbank Lehman, in die Pleite. Selbst Staaten, der prominenteste Fall war Griechenland, wurden zahlungsunfähig und schuldeten um – mit dramatischen Folgen für viele Anleger. Bevor Sie eine Finanzentscheidung für oder gegen eine Spar- oder Anlageform treffen, sollten Sie daher immer das aktuelle Umfeld berücksichtigen und bei Finanzunternehmen, mit denen Sie zusammenarbeiten möchten, die jeweils gültigen Konditionen erfragen.

Ich persönlich habe mit diesem Buch mein Ziel erreicht, wenn jeder einzelne Leser drei oder vier Ideen mitnimmt, die für ihn hilfreich sind und die sich als richtig – oder gar wichtig – für sein Leben erweisen. Sollten Sie nur Zeit und Muße für ein einziges Kapitel in diesem Buch aufbringen können oder wollen: Lesen Sie **Asset Allocation** (Kapitel 12). Sollten Sie ein zweites lesen, lege ich Ihnen den Abschnitt über **Anlagemoden** (Kapitel 18) ans Herz. Sollten Sie alle lesen wollen – prima, vielen Dank für die Zeit, die Sie sich für dieses Buch nehmen. Ich hoffe, Sie finden darin die eine oder andere Anregung und Hilfe.

Es ist indes nicht nur hilfreich zu wissen, wie man Geldentscheidungen treffen sollte. Genauso wichtig sind die Schnitzer, die man dabei am besten vermeidet. Im folgenden Kasten finden Sie daher eine Gebrauchsanweisung im Schnelldurchgang: Was muss man eigentlich tun, um finanziell mit an Sicherheit grenzender Wahrscheinlichkeit nie auf einen grünen Zweig zu kommen?

Es ist ganz einfach.

Michael Braun Alexander

14 Tipps, um finanziell nie auf einen grünen Zweig zu kommen

- Geben Sie die **Verantwortung** für Ihr Geld ab. Vertrauen Sie Ihrem Bankberater (oder Ihrem Versicherungsvertreter, Ihrem Ehemann, Ihrem cleveren Schwager bei der Sparkasse) blind – das gebietet die Höflichkeit. Machen Sie für Misserfolge bei der Geldanlage immer andere verantwortlich: die Berater, die Banker, die Börse, die Manager, die »Finanzhaie« und »Heuschrecken«, die Politiker, die Steuern, die Journalisten. Ziehen Sie nie in Betracht, dass Sie selbst und Ihre persönlichen Entscheidungen etwas damit zu tun haben könnten.
- Schließen Sie niemals eine private **Haftpflicht**- oder eine **Berufsunfähigkeitsversicherung** ab. Zu teuer.
- Kaufen Sie nie ein **Eigenheim** – die Verantwortung wäre einfach zu groß; außerdem sterben die Deutschen bekanntlich demnächst aus – nicht gut für die Preise.
- Geben Sie immer Ihr gesamtes **Gehalt** aus – am besten noch etwas mehr. Wofür rackern Sie schließlich? Bilden Sie keinen **Notgroschen**. Das machen nur Angsthasen.
- Kaufen Sie sich alle zwei Jahre einen schönen **Neuwagen**. Was Ihr Nachbar kann, können Sie auch. Das gilt auch für Handys, die technisch auf der Höhe der Zeit sind, für Plasma-Fernseher und andere größere Anschaffungen.
- Schöpfen Sie die praktischen Möglichkeiten, die **Dispositionskredit**, **Kreditkarten** und **Ratenkredite** Ihnen bieten, voll aus.

- Vermeiden Sie unbedingt alle **Anlageformen**, die nach Ihrem Bauchgefühl riskanter sind als Sparbuch und Tagesgeld – vor allem, wenn Sie jung oder im mittleren Lebensalter sind. Investieren Sie grundsätzlich nie in **Aktien** oder aktienbasierte Wertpapiere wie Fonds oder ETFs.

- Seien Sie stolz darauf, nichts von Börse und Geldanlage zu verstehen – es ist unschick, über solche Dinge nachzudenken oder zu reden. Lesen Sie niemals den Wirtschaftsteil der Zeitung, erst recht nicht die Finanzseiten. Weigern Sie sich, auf diesem Gebiet etwas dazuzulernen. Kultivieren Sie Ihre **Ahnungslosigkeit**.

- Sprechen Sie viel mit Ihren **Kindern**, aber niemals über Geld. So werden sie Ihnen finanziell lange die Treue halten und Sie nie mit Anlageerfolgen in den Schatten stellen können. Ein beruhigendes Gefühl.

- Laufen Sie an der Börse (und in der Bankfiliale) immer mit der Herde mit. Sollten Sie in einem Moment der Schwäche Aktien und Aktienfonds kaufen wollen: Tun Sie es immer erst dann, wenn die **Börsen** mindestens zwei gute Jahre hinter sich haben, besser noch drei. Verkaufen Sie immer erst nach einem Einbruch um mindestens 30 Prozent.

- Vermeiden Sie bei Ihrem Ersparten jede **Risikostreuung**. Setzen Sie immer alles auf eine Karte – nur die Aktien deutscher Unternehmen einer einzigen Boom-Branche beispielsweise, »alles auf Asiens Schwellenmärkte, die Märkte der Zukunft«, auf Gold oder auf »heiße«, spekulative Tipps, die Sie irgendwo aufgeschnappt haben, zum Beispiel in einer schlecht gemachten Zeitschrift oder im Gespräch mit Ihrem Berater in einer Bankfiliale, den Sie schon seit Jahren kennen und der immer so sympathisch ist.

- **Schichten** Sie Ihre Geldanlagen möglichst oft **um**; nur so wird Ihre Bank Sie lieben.
- Handeln Sie immer aus dem Bauch heraus. Machen Sie jede **Anlagemode** mit – Solaraktien und »nachhaltige« Investments (»das klingt richtig und gut«); Mittelstandsanleihen (»Mittelstand ist immer solide«); Internet- und Social-Media-Unternehmen, die uns die Zukunft bringen (aber oft nur *sehr* wenig Gewinn in die Firmenkasse – oder überhaupt keinen).
- Schalten Sie Ihr Gehirn beim Betreten einer **Bankfiliale** aus. Selbstverständlich will jeder Berater nur Ihr Bestes. Rechnen Sie nie damit, dass er damit Ihr Geld meinen könnte.

II. Bank & Versicherung

Kapitel 2:

Bank, Konto, Depot

Praktisch alle Erwachsenen und viele Jugendliche haben in Deutschland ein Konto, um damit bargeldlos ihre Finanzen zu führen. Meist handelt es sich um ein Girokonto, das sie bei einer Bank oder Sparkasse unterhalten – und damit gehen oftmals die Probleme los.

Denn viele Menschen sind bei ihrer Hausbank, weil sie schon immer dort waren und keine Lust haben, sich eine neue zu suchen – was tatsächlich ein etwas mühsames Unterfangen sein kann. Dass sie bei vielen Finanzdienstleistern überhöhte und völlig überflüssige Gebühren zahlen, etwa eine Monatsgebühr für die Kontoführung, eine Portogebühr für die Übersendung von Auszügen oder exorbitant hohe Überziehungszinsen von zwölf und mehr Prozent, stört sie nicht weiter oder nur vorübergehend. Oft wissen sie nicht einmal, dass es auch anders geht, nämlich erheblich günstiger. Damit schenken sie der Bank viel Geld, das sie besser in die eigene Altersvorsorge stecken würden.

Generell sollte das Girokonto, das man bei seiner Hausbank unterhält, mindestens die folgenden fünf Eigenschaften erfüllen, um das Attribut »brauchbar« zu verdienen und in die engere Wahl zu kommen:

1. Es sollte ohne Wenn und Aber **umsonst** sein, dauerhaft.
2. Der Kunde sollte kostenlos – also ohne Jahresgebühr – eine **Kreditkarte** erhalten, und zwar von einem der beiden großen Netzwerke (Mastercard, Visa).
3. Man muss an möglichst vielen Automaten **gebührenfrei Geld abheben** können, nicht nur innerhalb Deutschlands, sondern idealerweise im gesamten Euroraum oder sogar weltweit.
4. Ein mit dem Girokonto verbundenes **Depot** (für die Aufbewahrung von Wertpapieren aller Art) sollte ebenfalls umsonst sein, also keine Einrichtungsgebühr kosten und auch keine Jahresgebühr.
5. Das Konto bei der Hausbank sollte gute Konditionen für den **Überziehungs-** oder **Dispositionskredit (»Dispo«)** bieten, insbesondere im Hinblick auf die Zinsen, die die Bank oder Sparkasse für dieses jederzeit abrufbare Darlehen in Rechnung stellt.

• Die **Kontogebühren.** Millionen Bundesbürger haben sich im Laufe der Jahre und Jahrzehnte daran gewöhnt, dass sie für ihr

Girokonto Geld bezahlen. Oft handelt es sich nur um Klein-beträge von ein paar Euro im Monat – verschmerzbar, den-ken viele, kaum der Rede wert. Dabei sollte man sich von dem oft einstelligen Betrag, der am Monatsersten oder -letzten au-tomatisch abgebucht wird, nicht blenden oder beschwichtigen lassen. Acht Euro monatlich addieren sich im Laufe eines ein-zigen Jahres auf fast 100 Euro, die nicht für sinnvollere Dinge zur Verfügung stehen, etwa für eine wichtige Versicherung, die eigene Altersrücklage oder einen langfristigen Sparplan für die Kinder. Deshalb: Wer heute noch immer regelmäßig Kontofüh-rungsgebühren an die Bank zahlt, macht etwas falsch. Er soll-te entweder das Gespräch mit dem Berater suchen und – unter Verweis auf günstigere Alternativen – auf einen Erlass der Ge-bühren drängen. Oder die Bank oder Sparkasse wechseln, wenn der Berater sich stur stellt.

Denn Finanzdienstleister, die ein kostenloses Konto anbie-ten (und sogar intensiv bewerben), gibt es mittlerweile genug. Seit Jahren haben viele Direktbanken bei uns die Gebühren gestrichen, allen voran ING DiBa, eine Tochter des nieder-ländischen ING-Finanzkonzerns. Doch auch bei Dutzenden anderen Direktbanken (die ihre Kunden vor allem per Inter-net und Telefon betreuen, also ohne teures Filialnetz) sind die Konten längst umsonst, beispielsweise bei Comdirect, Cortal Consors, bei der DKB oder der Netbank.

Auch wer kein Freund von Direktbanken ist – etwa weil er über keinen Computer- und Internetzugang verfügt oder gern einen persönlichen Ansprechpartner hat –, ist den Kontoge-bühren keineswegs wehrlos ausgeliefert. Seit einiger Zeit bieten fast alle privaten Großbanken in Deutschland, zum Beispiel die Commerzbank, die HypoVereinsbank (gehört der italienischen Bank Unicredit) und die Postbank (zur Deutschen Bank), ein kostenloses Girokonto an. Die Gebührenbefreiung ist oft an einige Regeln wie einen regelmäßigen Gehaltseingang gebunden – die Bank bietet dann also lediglich ein sogenanntes Gehaltskonto umsonst an. Bei anderen Anbietern ist beispielsweise ein durchschnittliches Mindestguthaben erforderlich oder auch ein regelmäßiger monatlicher Mindesteingang. Wer nicht viel verdient oder auf Teilzeitbasis arbeitet, ist bei diesen Banken daher nicht richtig. Die meisten Kunden erfüllen die Voraussetzungen jedoch, jedenfalls wenn sie in einem Angestelltenverhältnis stehen.

Zugegeben: Wer seiner Hausbank den Rücken kehrt, hat etwas Mühe. Er muss alle regelmäßigen Zahlungsempfänger (Versicherungen, Vermieter, Abonnements und so weiter) informieren sowie Lastschriften und Daueraufträge umstellen. Auch der Arbeitgeber und andere Geldgeber müssen angeschrieben werden. Doch der Nutzen – nämlich die dauerhafte Ersparnis der Gebühren – steht dabei in einem gesunden Verhältnis zum einmaligen Zeitaufwand von vielleicht zwei oder drei Stunden. Einige Banken bieten ihren neuen Kunden inzwischen sogar einen Ummeldeservice an, bei dem man benutzerfreundliche Standardformulare nutzen und so Zeitaufwand und Mühe begrenzen kann.

• Die **Kreditkarte**. Das Konto, für das man sich entscheidet, sollte es ermöglichen, dauerhaft wenigstens eine der gängigen

Kreditkarten ohne Grundgebühr nutzen zu können. Idealerweise sollte es sich dabei um eine Mastercard- oder Visa-Karte handeln, da diese mit jeweils mehr als 25 Millionen Akzeptanzstellen in aller Welt über die umfangreichsten Netze verfügen. Bei Diners Club und American Express sind es deutlich weniger.

Es klingt zwar nicht schick, doch für die meisten Menschen ist eine Standard-Kreditkarte (also weder eine »goldene« noch platinfarbene noch sonst irgendwie glänzende oder edel-schwarze) völlig ausreichend. Wer viel unterwegs ist und beispielsweise oft Mietwagen im Ausland nutzt, ist dank des Versicherungsschutzes mit einer Goldkarte eventuell besser bedient. Die umfasst eine Fülle von Extraleistungen und -versicherungen, die man allerdings vor Unterzeichnung des Kartenvertrags genau durchleuchten sollte. Dies kann zum Beispiel eine (wichtige, aber auch für wenige Euro im Jahr separat abschließbare) Auslandskrankenversicherung sein oder Vollkaskoschutz, wenn man im Ausland ein Auto mietet. Viele Versicherungen, mit denen die Kreditkartenunternehmen werben, sind indes überflüssig oder schlicht viel zu teuer. Es lohnt sich daher, die Allgemeinen Geschäftsbedingungen (AGBs) und das Kleingedruckte vor Abschluss eines neuen Kreditkartenvertrags zu studieren und je nach den individuellen Lebensumständen zu entscheiden, ob der Aufpreis auf eine Basiskarte sinnvoll ist.

Wer zu einer aufwändigen Prüfung der Konditionen keine Lust hat und sich anfangs erst einmal für eine Basiskarte entscheidet, macht mit großer Wahrscheinlichkeit nichts falsch und spart in jedem Fall Geld. Es versteht sich, dass eine einzige Kreditkarte völlig ausreichend ist – jedenfalls sofern sie ein Visa- oder Mastercard-Logo trägt. Eine Sammlung vieler verschiedener Kreditkarten in der Brieftasche ist bei vielen Verbrauchern keineswegs ein Zeichen von Finanzkraft oder vermeintlichem Status, sondern der direkte Weg in die Schuldenfalle.

Ein Tipp: Inzwischen gibt es kostenlose Kreditkarten, die ganz ohne Eröffnung eines dazugehörigen Girokontos erhältlich sind. Beispiele sind die Barclaycard von Barclays Bank und die SunnyCard der spanischen Großbank Santander.

Ebenfalls wichtig: Die Ausgaben, die man mit einer Kreditkarte tätigt, sollte man – wann immer möglich – auf einen Schlag am Monatsende tilgen. Tut man das nicht, werden bei vielen Anbietern die höchsten Zinsen überhaupt fällig, die mitunter noch höher liegen als die Zinsen für Dispositionskredite. Anders formuliert: Wer die fälligen Zahlungen an die Kreditkartenfirma nur um wenige Monate aufschiebt, dem können die Schulden schnell über den Kopf wachsen.

• **Geld abheben.** Logisch: Ein Konto ist nutzlos, wenn man nicht schnell und problemlos Geld abheben kann. Bei vielen Banken und Sparkassen kann das Abheben jedoch teuer werden, vor allem dann, wenn man aus Bequemlichkeit bei einer anderen Bank um die Ecke Geld zieht. Wer dies tut, ist schnell fünf Gebühren-Euro los, selbst wenn er nur 100 Euro abgehoben hat, im Ausland sogar zehn Euro. Das sind nicht nur unverschämt hohe Beträge, sondern auch völlig überflüssige Kosten. Denn es gibt inzwischen eine große Gruppe von Finanzdienstleistern, mit deren Kundenkarten man an vielen – oder sogar fast allen – Automaten kostenlos an Bargeld gelangt.

Ein weiteres Mal waren beim Gratis-Geldabheben pfiffige Direktbanken wie 1822direkt (eine Sparkassen-Tocher), die oben bereits erwähnte DKB, ING DiBa oder auch die Volkswagen Bank Vorreiter. Selbst Filialbanken wie die deutsche Targobank (gehört zur französischen Genossenschaftsbank Crédit Mutuel) werben längst mit dieser praktischen Sache.

Allerdings sollte man auch bei den Bedingungen fürs Geldabheben auf das Kleingedruckte achten. Bei einigen Anbietern geht es deutschlandweit an vielen tausend Geräten – das sollte bei der Auswahl der Hausbank das Minimum sein. Andere Banken (zum Beispiel ING DiBa) sind großzügiger und erlauben die gebührenfreie Nutzung von Geldautomaten im gesamten Euroraum. Den Spitzenplatz belegen an dieser Stelle allerdings Banken wie die DKB und die NetBank, mit deren Kreditkarten man weltweit kostenlos an Bargeld kommt, also nicht nur in Euro, sondern auch in ausländischen Währungen. Gerade für Menschen, die viel unterwegs sind, ist dies ein interessantes Angebot. Sie sollten allerdings prüfen, wie günstig oder ungünstig der jeweils zugrunde gelegte Wechselkurs ist.

• Das **Depot**. Ich bin der Meinung, dass heute praktisch jeder ein Depot braucht – auch wenn Millionen Deutsche keines haben, es nicht vermissen und oft nicht genau wissen, was es damit überhaupt auf sich hat. (Ein Depot funktioniert wie ein normales Konto bei der Bank; allerdings werden dort keine Bareinlagen aufbewahrt, sondern Wertpapiere aller Art.) Der

Grund: Die Rentenlücke – also die Differenz zwischen Anspruch und finanzieller Wirklichkeit im Altersruhestand – betrifft und bedroht die Mehrheit der Bundesbürger. Daher sollte jeder Einzelne, ob er das gut findet oder nicht, auf die eine oder andere Art private Altersvorsorge betreiben. Bei der spielen wiederum Aktien, Anleihen, Fonds und Exchange-Traded Funds eine Schlüsselrolle (Teil IV). Und wer auch nur ein einziges Wertpapier sein Eigen nennt, braucht dafür in der Regel ein Depot bei Bank oder Sparkasse.

Dieses Depot, das meist mit dem Girokonto verbunden ist (das zeigt sich dann an einer ähnlichen Nummer), sollte ebenfalls kostenlos sein, also weder eine Monats- noch eine Jahresgebühr verursachen. Dies ist bei vielen Banken eine Selbstverständlichkeit, allerdings keineswegs bei allen. Auch hier gilt, wie bei Bankgebühren generell: Alles ist verhandelbar, und Fragen kostet nichts.

• Schließlich der **Überziehungskredit**. Er kann das Leben einfacher machen, allerdings auch gefährlich werden, wenn es an Kostendisziplin mangelt. Grundsätzlich hat ein Bankkunde kein Anrecht auf die Einräumung dieses Finanzpuffers. Vielmehr liegt die eingeräumte Höhe des Dispos im Ermessensspielraum der eigenen Bank oder Sparkasse. Jeder, der ein regelmäßiges Einkommen bezieht – also praktisch alle Angestellten und Beamten –, laufen an dieser Stelle bei der Bank aber offene Türen ein; schließlich verdient sie mit Überziehungszinsen Geld. Bei Selbstständigen und Freiberuflern sieht die Sache anders aus, da sie aus Sicht der Bank aufgrund eines unregelmäßigen Zahlungseingangs riskantere Kunden sind.

Wer bei seiner Bank einen guten Ruf hat und schon viele Jahre Kunde ist, erhält in der Regel problemlos einen Dispo in Höhe von zwei oder drei Netto-Monatsgehältern – und manchmal noch deutlich mehr. Vergessen sollte man dabei nicht, dass die Bank einen Dispo jederzeit kündigen kann, wenn sie dies aus irgendwelchen Gründen richtig findet. Ist man zu diesem Zeitpunkt tief in den roten Zahlen, kann es ungemütlich werden.

Wichtiger als die Höhe des eingeräumten Dispos ist allerdings der Zinssatz, den man als Kunde für das auf Abruf verfügbare Geld bezahlen soll. Gerade hier lohnt vor Eröffnung eines Kontos ein Vergleich, denn die Zinssätze variieren von Institut zu Institut erheblich, aktuell etwa zwischen sechs und fünfzehn Prozent. Konkret heißt das: Wer sein Girokonto chronisch um 3000 Euro überzogen hat, zahlt bei einem Zinssatz von zehn Prozent Jahr für Jahr 300 Euro Zinsen, ohne jemals den überzogenen Betrag zu tilgen.

Noch unappetitlicher werden die Zinssätze, wenn man den Dispo um mehr als den vereinbarten Betrag überzieht. Die Bank spricht dann von einem nur »geduldeten« Überziehungskredit. Bevor so ein Fall eintritt, tut man gut daran, das Gespräch mit der Bank zu suchen. Dies dient zum einen dazu, den eigenen Ruf nicht zu gefährden – denn das Ansehen und die wahrgenommene Zuverlässigkeit eines Kunden sind für jede Bank wichtige Kriterien. Zum anderen kann in so einem Fall aber auch eine Umschuldung in einen Ratenkredit lohnen, bei dem die Zinsen niedriger liegen als beim Dispo.

Diese fünf Kriterien sollte jeder Verbraucher, der bei einer Bank oder Sparkasse ein Konto unterhält oder ein neues eröffnen will, stets im Hinterkopf behalten. Die Konditionen der Finanzdienstleister verändern sich allerdings ständig, so dass es klug ist, in regelmäßigen Abständen immer einmal wieder ein Auge auf die Gebühren- und Spielregelliste der eigenen Bank zu werfen – und natürlich auf die der Konkurrenz.

Mitte 2014 waren nach meiner Einschätzung die Konditionen der folgenden Banken besonders interessant für Privatkunden, so dass sich ein Gespräch – oder eine Recherche per Telefon oder Internet – lohnen dürfte:

- **Targobank** (gehört zur französischen Genossenschaftsbank Crédit Mutuel)
- **Comdirect** (mehrheitlich im Besitz der Commerzbank)
- **CortalConsors** (eine Tochter der französischen Großbank BNP Paribas)
- **DKB** (gehört zur Bayern LB)
- **ING DiBa** (zum niederländischen ING-Konzern).

In der Mehrzahl handelt es sich bei diesen Anbietern um Direktbanken, die in erster Linie per Internet und Telefon operieren, also den Schwerpunkt nicht auf eingehende Beratung setzen (obwohl man natürlich auch die Mitarbeiter von Direktbanken so ziemlich alles fragen kann, was man möchte). Diese Liste ist keineswegs erschöpfend. Es gibt mit an Sicherheit grenzender Wahrscheinlichkeit eine Reihe weiterer Finanzinstitute, die zum Zeitpunkt des Erscheinens dieses Buches erstklassige oder zumindest vertretbare Konditionen bieten. Jeder, der auf der Suche nach einer guten, kostengünstigen Bank ist, sollte also die Initiative ergreifen und ein paar Hausaufgaben machen. Dieser einmalige Aufwand lohnt sich und zahlt sich anschließend Monat für Monat aus.

Tipps für die Steuern

Das Thema Steuern ist so umfangreich, dass es die Möglichkeiten dieses Buches sprengt. Es gibt jedoch ergänzend eine ganze Reihe von hilfreichen Werken zu diesem kniffligen Gebiet, von denen vermutlich der alljährlich aktualisierte **Konz** das berühmteste ist – und mit fast 900 Seiten auch eines der umfangreichsten.

An dieser Stelle daher nur einige wenige Tipps, über die Sie beim Thema Steuern nachdenken sollten:

- Prüfen Sie ernsthaft, ob sich für Sie ein **Steuerberater** lohnt. Viele denken, dies sei lediglich für Menschen mit hohen Einkommen, umfangreicheren Vermögenswerten oder komplexen Anlageformen der Fall. Doch ein Steuerberater kann sich gleich doppelt auszahlen: Er erhöht die **Lebensqualität** deutlich, weil man sich nicht immer wieder mehrere Stunden lang um lästige Steuererklärungen und Abgabefristen kümmern muss. Darüber hinaus ist die Chance groß, dass Sie mit Hilfe der Fachkenntnisse des Steuerberaters eine deutlich höhere **Steuerrückerstattung** bekommen. (Und das fällige Honorar ist zum Teil wiederum von der Steuer absetzbar.) Ich persönlich habe es nie bereut, von meinem ersten Berufsjahr an – mit dem sehr, sehr übersichtlichen Einkommen eines Zeitungsvolontärs – einen Steuerberater beschäftigt zu haben. Es ist übrigens noch heute derselbe.
- Alle Kapitaleinkünfte (Zinsen, Dividenden, Verkaufsgewinne) unterliegen der **Abgeltungssteuer**, sofern Wertpapiere

nicht vor dem 1. Januar 2009 gekauft wurden. (Dann ist der Wertzuwachs etwa bei Aktien und vielen Fonds steuerfrei.) Der Steuersatz liegt bei 25 Prozent plus Solidaritätszuschlag und gegebenenfalls Kirchensteuer. Der sogenannte **Sparer-Pauschbetrag** legt fest, bis zu welcher Höhe Kapitaleinkommen steuerfrei ist. Bei Verheirateten, die gemeinsam veranlagt werden, liegt er aktuell bei 1602 Euro im Jahr; bei Singles sind es 801 Euro. Eine **Ausnahme** greift bei der Abgeltungssteuer bei all jenen, deren persönlicher Einkommensteuersatz unter 25 Prozent liegt. Sie können sich die Differenz (zwischen den Sätzen der Einkommensteuer und der Abgeltungssteuer) über ihre Steuererklärung vom Staat zurückholen. Immerhin.

- Selbst die **gesetzliche Rente** unterliegt im Ruhestandsalter der Einkommensteuer. Das ist vielen, die sich heute mit der Altersvorsorge beschäftigen, nicht klar. Wer beispielsweise 2014, im Erscheinungsjahr dieses Buches, in Rente geht, muss 68 Prozent seiner Bezüge vom Staat versteuern. Bis 2040 steigt dieser Prozentsatz Jahr für Jahr auf 100 Prozent an. Ein kleiner Trost: Das Einkommen, das die meisten Menschen im Alter erzielen, ist häufig niedriger als im Berufsleben, so dass bei vielen die Einkommensteuersätze, die im Ruhestand zum Tragen kommen, nicht allzu hoch liegen dürften. Darüber hinaus darf man bei der Planung der individuellen Altersvorsorge nicht vergessen, dass man auch im Ruhestand Beiträge an die **Kranken-** und **Pflegeversicherung** abführen muss.

- Das Prinzip der **nachgelagerten Besteuerung** spielt bei vielen Formen der Altersvorsorge eine zentrale Rolle – es lohnt, sich dessen Funktionsweise zu merken: Während des Berufslebens darf man Beiträge, die in die Altersvorsorge fließen, dem Bruttoeinkommen entnehmen, also dem unversteuerten Einkommen. Das ist ein großer Vorteil. Im Gegenzug wird im Rentenalter dann auf die Ausschüttungen Einkommensteuer fällig. Bei **Riester-Verträgen** (Kapitel 7) unterliegen grundsätzlich alle Auszahlungen der Steuer. Bei **Rürup-Renten** (Kapitel 8) ist es komplizierter: Hier fällt Jahr für Jahr, entsprechend der gesetzlichen Rente, ein höherer Prozentsatz unter die Steuerpflicht – mit der Folge, dass erst ab 2040 auf alles Steuern zu zahlen sind. Auch Einkommen, das man im Alter aus der **betrieblichen Altersversorgung** (Kapitel 9) erzielt, ist steuerpflichtig.

- Bei **Kapital-Lebensversicherungen** kommt es darauf an, was für einen Vertrag man abgeschlossen hat – und vor allem wann. Wurde ein Vertrag vor dem 1. Januar 2005 unterschrieben und beträgt die Laufzeit mindestens zwölf Jahre, ist diese Sparform in den meisten Fällen steuerfrei. Wurde er nach diesem Stichtag abgeschlossen, muss der **Ertragsanteil** (der Wertzuwachs des Sparanteils) in der Regel zur Hälfte versteuert werden.

- Eine **selbstgenutzte Immobilie** bietet eine ganze Reihe von Vorteilen, nicht zuletzt in steuerlicher Hinsicht: Für die meisten Eigenheimbesitzer ist ein Wertzuwachs bei einem Verkauf steuerfrei (mehr in Kapitel 11).

- Jeder, der sparen oder einen Vorsorgevertrag abschließen will, sollte sich vor einer Entscheidung nicht nur nach den Bedingungen und Chancen erkundigen, sondern auch nach der steuerlichen Behandlung und nach den möglicherweise fälligen Sozialabgaben im Alter. Gute Anlaufstellen bei allen Steuerfragen sind die **Finanzämter**, **Verbraucherzentralen** und natürlich **Steuerberater**. Auch die **Anbieter** von Vorsorgeverträgen sind an dieser Stelle hilfreich.

Kapitel 3:

Die Berater

Warum die Deutschen ihren Bank- und Versicherungsberatern vertrauen, ist mir ein Rätsel. Wer sich bei Geld- und Anlageentscheidungen allein auf seinen Filialbetreuer verlässt, ist meines Erachtens fahrlässig und begeht mit recht großer Wahrscheinlichkeit eine Dummheit. Was viele Verbraucher (und Politiker) nicht davon abhält, sich hinterher lautstark über deren Unseriosität und falsche Empfehlungen zu empören. Das Prinzip der **Eigenverantwortung** in Gelddingen haben fast alle Verbraucher in Fragen des Geldes längst vergessen. Das ist ein großer Fehler, der in der Vergangenheit immer wieder zu hohen Verlusten bei Hunderttausenden – wenn nicht Millionen – Privatanlegern geführt hat, etwa in den Börsenjahren 2000 bis 2003 oder 2008. Hart, aber wahr: Wer seiner Bank glaubt, ist selbst schuld. Das werden viele Privatanleger nicht gerne hören. Aber ich bin der festen Überzeugung, dass jeder Einzelne bei grundlegenden Fragen des Lebens – Beziehungen, Ernährung, Lebensstil und Geld zählen hierzu – selbst gefordert ist und die Verantwortung nicht abgeben sollte.

Das Verhältnis der Deutschen zu ihren Beratern in Sachen Geld erscheint mir bizarr. Es ist ein wenig so, also ob man in einen Supermarkt geht und dem ersten Mitarbeiter, der einem begegnet, sogleich anvertraut: »Ich muss heute Abend unbedingt etwas essen – sagen Sie mir schnell, was ich kaufen soll.« So kann man natürlich einkaufen; man sollte aber damit rechnen, dass einem das Abendessen möglicherweise nicht schmecken wird. Selbstverständlich kann es in so einer Situation vorkommen, dass der Supermarktverkäufer ganz andere Motive als der Kunde hat. Es könnte wohl sein, dass er sich in die Lage des Kunden eindenkt, ihn fragt, was er gerne isst, ob er bestimmte Ernährungsregeln einhält, wie es mit den Kochkünsten bestellt ist, was er schon alles an Zutaten im Hause hat und so weiter. Allerdings ist es genauso gut möglich, dass der Verkäufer eine eigene Agenda verfolgt: Wie mache ich meinen Chef glücklich? Bei welchen Produkten ist die Marge am höchsten? Was muss weg, weil es sonst verdirbt? Was schmeckt *mir* am besten?

Es versteht sich, dass man diesem Verkäufer nicht hysterisch-überzogene, sehr wohl aber selbstbewusste Skepsis entgegenbringen sollte.

Kaum betreten deutsche Sparer aber eine Bank- oder Sparkassenfiliale oder die Niederlassung einer Versicherungsgesellschaft, geben sie in der großen Mehrheit die Verantwortung für ihr Geld an der Eingangstür ab. Dafür sei schließlich der »Experte« da – eben der Berater. Sie vergessen, dass ein Berater vor allem ein Verkäufer ist, der seinem Vorgesetzten, dem Abteilungs- oder Filialleiter, Rede und Antwort stehen muss. Man kann so einem Menschen natürlich blind vertrauen. Dies ist häufig leider aber der direkte Weg ins finanzielle Unglück. Nein: Für sein Geld ist man selbst verantwortlich, niemand sonst. Nicht die Bank, nicht der Berater, nicht der Ehepartner, nicht der clevere Mann der besten Freundin, der immer davon erzählt, dass er schon mal so wahnsinnig viel Geld mit heißen Aktien gemacht hat.

Ich weiß: Es gibt in den vielen tausend Bank- und Versicherungsfilialen in der Bundesrepublik Ausnahmen. Und damit wir uns nicht falsch verstehen: Bankberater sind häufig angenehme, sympathische Menschen, die es gut meinen und nach bestem Wissen und Gewissen arbeiten. Bei vielen Routineaufgaben – zum Beispiel der Einrichtung eines Giro- oder Tagesgeldkontos oder der Bearbeitung eines auf den ersten Blick unverständlichen Riester-Antrags – sind sie eine große Hilfe. In Sachen Geldanlage habe ich aber meine Zweifel.

Bizarrerweise rechnen die meisten Menschen nicht damit, dass ihre Berater in Fragen der Geldanlage inkompetent sein könnten. Sie sind in der Regel adrett gekleidet; nicht unsympathisch und kommunikativ; es kommt vor, dass Mitarbeiter im Außendienst einen seriösen Wagen fahren. Doch nach solchen Kriterien kann es an dieser Stelle nicht gehen. Wer würde in der Zahnarztpraxis seinen Mund für eine Reparatur öffnen, nur weil Arzt oder Ärztin so sympathische Augen oder einen sexy Sportwagen hätten? Niemand natürlich; es muss dabei vor allem um Kompetenz und Erfolg gehen.

Ich selbst habe in meinem ganzen Leben nicht eine einzige gute Anlageempfehlung von einem Bankberater bekommen. Das liegt indes auch daran, dass ich die Briefe und Telefonanrufe, die ich seit Jahren bekomme (»Wir müssen unbedingt über Ihr Depot reden, Herr Braun Alexander.«), längst nicht mehr ernst nehme, sondern lediglich auf ihren Unterhaltungswert abklopfe. (In der Regel tendiert der gegen null, weil die Gesprächspartner so viel von meinen Investments verstehen wie ich von Handball und Ikebana, nämlich gar nichts.)

Verbraucher sollten nie vergessen, was für Menschen sie bei ihrer Hausbank oder Versicherung in aller Regel gegenüberstehen. Es klingt gemein, doch sie sollten über Folgendes nachdenken: Ein Banker, der sein Geschäft versteht und ein Experte bei der Vermögensvermehrung ist, wird nicht als Angestellter in einer Sparkassen- oder Bankfiliale in einer mittelgroßen oder kleinen Stadt arbeiten. Wahrscheinlicher ist, dass er bei überdurchschnittlicher Qualifikation in einem Hochhaus in einem der Finanzzentren der Welt arbeitet, in Frankfurt, London, New York – oder auch in Hongkong, Shanghai, Tokio, Singapur oder Dubai. Und selbst in diesen Städten trifft man oft – trotz mitunter atemberaubenden Gehaltspaketen – auf eine Bündelung von Selbstüberschätzung und Ahnungslosigkeit, die einen das Gruseln lehrt, zuletzt im Zuge der globalen Finanzkrise, die im Juli 2007 begann und sechs Jahre wütete.

Berater im Privatkundengeschäft gehören meist nicht zu den hellsten Köpfen ihrer Branche. Das klingt, ich weiß, unangenehm arrogant. Es ändert aber nichts daran, dass Verbraucher, die eine Bank oder Sparkasse betreten und das Gespräch suchen, darüber nachdenken sollten, wem sie sich dort anvertrauen: nämlich einer Auswahl von »Profis«, die oft nicht allzu kenntnisreich sind.

Diese vermeintlichen Experten haben mit den meisten Privatanlegern eines gemeinsam: Sie schauen besonders gern auf den Weg hinter sich, also in die Vergangenheit, anstatt auf den Weg vor sich, in die Zukunft. Das ist insofern nicht hilfreich, als bei der Geldanlage fast alle Menschen – auch die Berater – dazu neigen, Trends aus der Vergangenheit in die Zukunft fortzuschreiben.

Zwei Beispiele: Mitte 2009, als die Erstausgabe dieses Buches entstand, unkten Anlageberater unisono seit Monaten, dass man ganz vorsichtig agieren sollte und bloß die Finger von Aktien lassen – schließlich waren die Kurse gerade massiv abgestürzt. Damals war, das wissen wir heute, ein idealer Zeitpunkt für den Einstieg, also für den Kauf von Aktien. Heute dagegen, im Sommer 2014, notieren vielen Börsenindizes der Welt nahe an ihren Allzeithochs – und überall lese und höre ich, dass man ausgerechnet jetzt Aktien kaufen sollte. So, so.

Es ist ein bisschen wie idiotisches Autofahren: Die große Mehrheit schaut gebannt in den Rückspiegel anstatt auf die Straße vor sich. Dass dies mit hoher Wahrscheinlichkeit wieder und wieder zu Unfällen führt, liegt in der Natur der Sache. Wer die Vergangenheit einfach in die Zukunft fortschreibt, liegt oft ganz einfach falsch.

Hinzu kommt, dass alle Mitarbeiter von Banken, Sparkassen

und Versicherungen vor allem aus einem Grund angestellt sind: Sie sollen für ihren Arbeitgeber Geld verdienen. Im Finanzgeschäft macht man indes keinen Gewinn, indem man keine Produkte verkauft. Nur bei Abschluss einer Spar- oder Anlageform – etwa einer Kapital-Lebensversicherung, eines Riester-Vertrags oder beim Kauf von Fondsanteilen – klingelt für Banken die Kasse. Und zwar unabhängig davon, ob der Abschluss sich im Nachhinein für den Kunden als lohnend herausstellt oder als verlustreich. Vielen Verbrauchern scheint nicht klar zu sein, dass es sich bei Banken und anderen Finanzinstituten keineswegs um Horte der Wohltätigkeit handelt, sondern um profitorientierte Veranstaltungen.

Es wäre ein Fehler, hieraus den Schluss zu ziehen, dass man Bankberatern nicht geduldig zuhören sollte. Im Gegenteil: Ich habe es mitunter als interessant und aufschlussreich empfunden, dies zu tun. Zugleich richte ich mich praktisch nie nach einem Rat, sondern ziehe in der Regel das genaue Gegenteil dessen in Erwägung, was mir ein Bankberater empfiehlt. In der Vergangenheit bin ich damit gut gefahren. Empfehlen Bank oder Sparkasse, Rohstoff-Zertifikate zu kaufen, tut man mit recht großer Wahrscheinlichkeit gut daran, sie abzustoßen. Setzen sie auf China (»die neue Wirtschaftsmacht«), Dubai (»das Übermorgen-Land«) oder Solaraktien (»die Energie der Zukunft«), ist das interessant: Weg damit! (Mehr zu den Hintergründen hierzu finden Sie in Kapitel 18: Anlagemoden.)

Selbstverständlich greifen Berater ihre Investment-Ideen nicht aus der Luft. Im Hintergrund wirken bei den meisten Instituten viele hundert oder tausend Finanzmarktexperten und Analysten, die sich den Kopf darüber zerbrechen, was in der Zukunft passieren könnte und warum. Ihre Einschätzungen und Prognosen schicken sie dann an die Berater in den Filialen (und auch an ihre wichtigen Kunden und an die Presse). Pikanterweise verschlafen fast alle von ihnen immer wieder die großen Gezeitenwechsel an den Börsen. Beispiel: Fast kein »Experte« sah in der ersten Jahreshälfte 2008 das Börsendesaster des Herbstes kommen. Und die wenigen Mutigen, die dies prophezeiten, wurden von anderen belächelt und diskreditiert. Im vorausgegangenen Börsenabschwung der Jahre 2000 bis Frühjahr 2003 war es nicht anders. Ich verspreche Ihnen, dass das auch bei der nächsten Baisse, die garantiert kommt, der Fall sein wird. Grundsätzlich sollte man meines Erachtens auf keine einzige Prognose zur Entwicklung der Börsen, einzelner Wertpapierkurse, des Ölpreises, der Wechselkurse von Währungen und so weiter hören. Und wenn man sie liest, sollte man sich stets fragen, ob nicht das genaue Gegenteil richtig sein könnte. Anders gesagt: Ob eine »Experten«-Vorhersage tatsächlich eintrifft oder nicht, ist reines Glückspiel.

Ich gebe zu: ein vernichtendes Urteil. Doch wo können sich Privatanleger, die noch ein paar andere Dinge zu tun haben als sich von morgens bis abends mit ihrem Geld zu beschäftigen und nicht unbedingt im Thema sind, brauchbaren Rat holen?

Die Antwort ist für viele unangenehm; es kostet Mühe, Zeit und Geld. Wie beim Fitnesstraining und bei einer Diät gilt: Ohne Fleiß kein Preis. Nicht einfacher wird die Sache dadurch, dass in unseren Schulen schockierend wenig Wirtschaft gelehrt wird; Finanzmärkte sind praktisch völlig außen vor. Wir dürfen uns also nicht wundern, dass es in Deutschland selbst mit Grundkenntnissen in Sachen Geldanlage nicht weit her ist. Was diese Grundbildung angeht, ist die Politik gefordert. Bis die so weit ist – und das kann, fürchte ich, lange dauern –, muss sich jeder, so gut er kann, auf eigene Faust mit der Materie auseinandersetzen. Die Devise lautet: Selbst ist die Frau, selbst ist der Mann. Leider geht es nicht anders.

Mir ist klar, dass die meisten Menschen aus Mangel an Zeit oder Motivation – oder weil ihnen die Zusammenhänge trotz allen Bemühens unverständlich bleiben – einen großen Bogen um Finanz- und Wirtschaftsberichte in den Medien machen. Doch wer sich ein halbes Jahr lang mit dem Thema Geld auseinandersetzt und offene Fragen konsequent zu beantworten versucht, wird der Sache langsam, aber sicher auf den Grund gehen.

An mir selbst habe ich festgestellt, dass sich zu einigen Finanzexperten, die sich öfters in den Medien äußern, durchaus ein Vertrauensverhältnis aufbauen kann – selbst wenn man diese Damen und Herren nicht persönlich kennt. Ich selbst schätze beispielsweise einige Stimmen, die sich meines Erachtens in den vergangenen Jahren und Jahrzehnten mit ihren umsichtigen und treffsicheren Äußerungen viel Glaubwürdigkeit erarbeitet haben und deren Ansichten ich immer wieder gerne – und in der Regel mit Gewinn und Lust – lese, ohne zwangsläufig immer mit ihnen einer Meinung zu sein. In diese Gruppe zählen für mich beispielsweise Jens Ehrhardt von der Anlagegesellschaft DJE in Pullach bei München, Gottfried Heller (Fiduka, München) oder Hendrik Leber (Acatis, Frankfurt am Main). Und natürlich – dies ist alles andere als eine originelle Wahl –

ist praktisch alles, was Warren Buffett, Chef der Investment-holding Berkshire Hathaway in Omaha im US-Bundesstaat Nebraska, von sich gibt, extrem lesens- und überdenkenswert. Diese kurze Liste ist völlig subjektiv und nicht vollständig. Der entscheidende Punkt: Wer sich längerfristig mit der Geldanlage beschäftigt, wird im Laufe der Zeit auf Berater stoßen, deren Argumenten er traut. Und das ist gut so.

Die Komplexität der Materie scheint mir dabei keineswegs das einzige Hemmnis zu sein. Vielmehr mangelt es vielen Menschen schlicht an der Motivation, sich mit Vorsorge- und Anlagefragen auseinanderzusetzen. Ich weiß nicht, wie oft ich diesen Satz in meinem Leben gehört habe: »Ich habe wirklich keine Ahnung von Geld – ha, ha, ha –, und ich habe echt keine Lust, mich damit zu beschäftigen.«

In Ordnung: In gewisser Weise kann ich diese Einstellung nachvollziehen. Es gibt im Leben wirklich Spannenderes als die Feinheiten und Fußangeln eines Riester-Renten-Vertrags. Aber die meisten von uns arbeiten hart für ihren Lebensunterhalt – oft sogar härter und mit mehr zeitlichem und emotionalem Einsatz als unbedingt notwendig. Warum also Kraft und Zeit aufs Geldverdienen verwenden, beim umsichtigen Geldanlegen dann aber schludern?

Gute Berater können dabei helfen. Doch man sollte sich in erster Linie an unabhängige Experten wenden, anstatt sich in die Hände von abhängigen Beratern bei Bank, Sparkasse und Versicherung zu begeben. Deren Dienste kosten in der Regel Geld, und auch sie sind keineswegs unfehlbar – das Prinzip der Eigenverantwortung bleibt also bestehen. Sie sind im Idealfall aber völlig frei in ihren Empfehlungen. Manchmal werden solche unabhängigen Experten auch Honorarberater genannt, weil sie – anders als Bankmitarbeiter oder Versicherungsmakler – nicht mit Provisionen entlohnt werden, sondern auf Stundenbasis oder pauschal.

Einige Menschen sehen das skeptisch, weil unabhängige Berater ganz offen über dieses Honorar sprechen. Dabei sollte man allerdings zwei Dinge nicht vergessen. Zum einen kostet nahezu jede Dienstleistung, die man in Anspruch nimmt, Geld – also zum Beispiel Handwerker, der Besuch beim Friseur oder eine Reparatur des Wagens. Warum also sollte das bei Fragen rund ums Geld anders sein? Zum anderen zahlt der Kunde auch den abhängig beschäftigten Beratern bei Banken, Sparkassen und Versicherungen eine Gebühr; keine Beratung, egal wo man sie erhält, ist umsonst. Die Kosten sind allerdings oft gut versteckt. Das gilt gerade für beliebte Anlageformen wie Kapital-Lebensversicherungen (Kapitel 10), Bausparverträge (Kapitel 11) oder bei der Kapitalanlage mit Investmentfonds (Kapitel 15).

Woran erkennt man einen guten Berater?

Es gibt eine Reihe von Indizien, an denen man merkt, dass ein Berater – egal ob abhängig (zum Beispiel bei einer Bank) oder unabhängig (als Honorarberater) – einen anständigen Job macht:

- Er stellt beim ersten Gespräch eine Fülle von **Fragen** und steht geduldig Rede und Antwort. Er nimmt Ihre finanziellen und sonstigen Lebensumstände ebenso genau wie diskret unter die Lupe. Er verfügt über Sozialkompetenz und kann auf Ihre Bedürfnisse und Ängste eingehen.
- Er erstellt, wie gesetzlich vorgeschrieben, ein **Beratungsprotokoll**.
- Er versteht sich weniger als **Verkäufer** (im Auftrag seines Chefs), sondern als **Dienstleister** (für seine Kunden).
- Er tut nicht so, als **wüsste er alles**. Kaum ein Berater kennt sich bei sämtlichen Anlageformen rund um die Altersvorsorge und Geldanlage gleich gut aus.
- Er empfiehlt nicht nur die Produkte **eines einzelnen Unternehmens** oder Finanzverbunds – ein Indiz dafür, dass er tatsächlich unabhängig agiert.
- Er bespricht mit Ihnen sämtliche **Chancen** und **Risiken**, die Sie mit einem Vertragsabschluss oder mit dem Kauf eines bestimmten Wertpapiers eingehen.
- Er geht offen und wahrhaftig mit der Frage seiner **Vergütung** (Abschlussgebühren, Provision und so weiter) um. Die Rechtslage ist an dieser Stelle geklärt: Ein Berater muss Ihnen auf Nachfrage sagen, wie er für seine Bemühungen entlohnt

wird. Dies gilt auch für Anlageformen, die in ihrer Bauart und in ihrer Vergütungsstruktur komplex sind – etwa Kapital-Lebensversicherungen, Bausparverträge oder Riester-Renten. Ziert sich der Berater vor diesen Angaben, sollte man sich einen anderen suchen und dort Verträge abschließen.

- Ein guter Berater setzt seine Kunden nicht unter **Zeitdruck** und drängt niemanden zu einem Abschluss. Unter solchen Umständen sollte man niemals eine finanzielle Entscheidung treffen.

- Es ist möglich, dass eigene **Angehörige** oder **Freunde** in der Finanzbranche tätig und in Gelddingen sehr clever sind. Dann kann es selbstverständlich lohnen, ihnen zuzuhören und – ganz umsonst – viele Fragen zu stellen. Man sollte dabei aber nie vergessen, dass es in so einer Situation zu einem Interessenkonflikt kommen kann. Schließt man einen Vertrag ab, weil man das Anlageprodukt überzeugend findet – oder geht es insgeheim doch eher nur darum, einem liebgewonnenen Menschen einen Gefallen zu tun beziehungsweise einen möglichen Konflikt zu vermeiden? Aus falsch verstandener Nettigkeit heraus sollte man so etwas nicht tun. Und: Sollte sich die Entscheidung für oder gegen ein Produkt im Nachhinein als Fehler herausstellen – womöglich gar als richtig kostspieliges Fiasko –, geht es nicht mehr »nur« um Geld, sondern enge Beziehungen können darunter leiden. Diesem Doppel-Risiko sollte man sich nicht aussetzen. Es gibt genug Berater auf der Welt, mit denen man eine strikt professionelle – also nicht persönliche – Beziehung unterhalten kann.

Bei all dem sollte man eines nicht vergessen: Ein Berater ist fürs Beraten zuständig – nicht weniger, nicht mehr. Kein noch so gut gemeinter Rat eines Experten kann etwas an dem Umstand ändern, dass am Ende des Tages jeder **Eigenverantwortung** für sein Geld und seine Altersvorsorge trägt. Das ist nur logisch und folgerichtig. Denn stellt sich eine Entscheidung im Nachhinein als falsch heraus, übernimmt kein noch so wohlmeinender Berater die Verluste.

Beratern darf und sollte man zuhören. Wer ihnen jedoch blind die Verantwortung überträgt, muss sich im Klaren darüber sein, dass ihn diese Entscheidung teuer zu stehen kommen könnte. Von Verbrauchern ist mehr denn je finanzielle Mündigkeit gefordert.

Wie man in ein Beratungsgespräch geht

Nicht nur Berater können sich mit schlechten Empfehlungen blamieren. Auch wer Rat in Gelddingen sucht, sollte im eigenen Interesse einige Regeln beachten:

- Wichtige Geldentscheidungen sollte man nicht in der Mittagspause rasch am Schalter besprechen. Besser: Einige Tage vorher einen **Gesprächstermin** vereinbaren. Planen Sie dafür durchaus eine halbe Stunde und mehr ein.

- Die **Vorbereitung**: Gehen Sie vor dem Termin Ihr Anliegen und Ihre Fragen durch und notieren Sie sich die wichtigsten finanziellen Eckpunkte in Ihrem Leben – also zum Beispiel Brutto- und Nettoeinkommen, regelmäßige Ausgaben für den Lebensunterhalt, laufende Kredite, erwartete Ausgaben.

- Vor jeder größeren Anschaffung im Leben empfiehlt sich ein **Vergleich** von Preisen und Konditionen. Das ist bei Geldentscheidungen nicht anders – insbesondere bei jenen, die einen über einen langen Zeitraum binden (zum Beispiel Kauf einer Immobilie oder Abschluss einer Kapital-Lebensversicherung). Man sollte vorher immer mehrere Offerten von verschiedenen Anbietern einholen.

- Eine **Rückmeldung** beim Berater ist eine Frage der Höflichkeit – auch dann, wenn man ein Angebot nicht annehmen möchte.

Kapitel 4:

Geld parken

Als dieses Buch im Sommer 2010 erstmals erschien, war die Frage, wie man seine Ersparnisse am besten »parkt«, eine der häufigsten bei meiner Arbeit. Das ist heute, vier Jahre später, nicht anders. Allerdings hat sich an den Finanzmärkten inzwischen etwas Einzigartiges ereignet, was in erster Linie – von der Politik meines Erachtens bewusst so geplant oder zumindest schweigend hingenommen – zu Lasten der »kleinen« Sparer geht: Die Sparzinsen tendieren nominal gegen null. Real, also unter Berücksichtung der Inflation, liegen sie längst im negativen Bereich. Wer ein Sparkonto oder Sparbuch nutzt, weiß also eines sicher: Die Kaufkraft seines Vermögens schrumpft von Jahr zu Jahr. Er wird schleichend enteignet.

Dennoch ist die Frage für jeden Haushalt relevant: Wo und

wie sollte man Geld parken, das man kurzfristig nicht braucht, aber bei einem Notfall verfügbar haben möchte – etwa wenn die Waschmaschine streikt, das Auto repariert werden muss oder die Tochter auf teure Klassenfahrt gehen soll? Früher nannte man so eine Rücklage oft den »**Notgroschen**«, und so ein Finanzpolster ist für absolut jeden, egal ob reich oder arm, sinnvoll und oftmals notwendig. Es soll, wenn es im Leben einmal hart auf hart kommt, den Schock etwas abfedern. Als Faustregel sollte man dem Notgroschen eine Größenordnung von drei Monats-Nettoeinkommen zugestehen. Wer 1700 Euro netto verdient, könnte also 5000 Euro anpeilen. Ein vermögender Haushalt, in dem Monat für Monat deutlich mehr Geld aufs Konto eingeht, sollte eine entsprechend höhere Reserve bilden.

Im Kern lässt sich sagen, dass es heute – anders als noch vor wenigen Jahren – keine guten Geldparkplätze mehr gibt, nur noch schlechte. Das ändert nichts daran, dass man einen Parkplatz für den Notgroschen braucht; man muss sich in einem für Sparer extrem rauen Umfeld also arrangieren. Durchwurschteln und Geduld haben lautet an dieser Stelle die Devise. Irgendwann werden die Zinsen wieder steigen.

Es ist hilfreich sich klarzumachen, welche Eigenschaften ein optimaler Parkplatz für ein Finanzpolster überhaupt aufweisen muss. Die drei wichtigsten Anforderungen:

- **Erstens** muss man jederzeit – das bedeutet: von heute auf morgen, ohne Wenn und Aber – an sein Geld kommen. Logisch, denn wenn ein Unfall passiert oder eine andere Notlage eintritt, ist es ausgesprochen hilfreich, sofort auf die Reserven zugreifen zu können und nicht erst tagelang mit der Bank argumentieren oder Extra-Gebühren zahlen zu müssen.

Aus diesem Grund sind zwei bei den Bundesbürgern besonders beliebte Anlageformen, **Festgeld** und **Termingeld**, für den Notgroschen nicht ideal. Sie sind, wie der Name schon sagt, »fest« beziehungsweise »auf Termin« angelegt, und dieser Termin liegt oft erst im folgenden Jahr oder noch später. (Man kann zwar in der Regel eine vorzeitige Freigabe des so Gesparten beantragen. Es dauert jedoch einige Zeit, bis das Geld tatsächlich auf dem Girokonto eingeht, und die kurzfristige Auflösung solcher Festanlagen kann mit Strafgebühren von Seiten der Bank oder Sparkasse geahndet werden – alles keine wirklich praktische Lösung für einen Notgroschen.)

• **Zweitens** muss die eiserne Reserve nicht ein bisschen sicher sein, sondern wirklich sicher. Auch dies leuchtet ein: Schließlich möchte man nicht, wenn man kurzfristig Geld braucht, feststellen, dass das Finanzpolster aufgrund irgendwelcher Börsen- und Marktschwankungen gerade drastisch im Wert gesunken ist. Aus diesem Grund sind die meisten **Investmentfonds** – damit meine ich beispielsweise Aktienfonds, Rentenfonds und Mischfonds – ungeeignet für diese Art der Finanzreserve.

Auch eine lange beliebte Alternative, die sogenannten **Geldmarktfonds**, sind keineswegs so praktisch, wie viele Bundesbürger in der Vergangenheit glaubten. Grundsätzlich haben sie Eigenschaften, die sie für das Parken von Geld prädestinieren.

Sie investieren in der Regel in sogenannte Kurzläufer; das sind sichere Schuldverschreibungen von Unternehmen oder Regierungen erstklassiger Kreditwürdigkeit, die in Kürze (nämlich in weniger als einem Jahr) zurückbezahlt werden und bis dahin Zinsen abwerfen. Anteile an Geldmarktfonds kann man zudem jederzeit zurückgeben und »flüssig machen«. Alles prima also?

Nein. Erstens sind die Renditen heute so verschwindend gering, dass es bis auf weiteres Zeitverschwendung ist, sich mit dieser Anlageform zu beschäftigen. Zweitens verbuchte im Laufe des Jahres 2008 – zugegebenermaßen in einem besonders turbulenten Jahr für Anleger – pikanterweise etwa jeder vierte der damals gut 300 Geldmarktfonds in Deutschland ein Minus bei der Wertentwicklung. Schuld an der Misere war, dass viele dieser Fonds in den vorangegangenen Jahren in so genannte Asset-Backed Securities, kurz ABS, investierten. Dies sind, wörtlich übersetzt, »mit Vermögenswerten hinterlegte Anlagen«, beispielsweise abgesichert mit Immobilien- und Autokrediten in den USA. Die galten bis in den Sommer des Jahres 2007 hinein als extrem sicher, fielen dann aber dramatisch im Wert und zogen in der Folge auch deutsche Geldmarktfonds in die Verlustzone. Damit hat sich eine ganze Anlageklasse ins Aus manövriert, denn schließlich muss ein Geldparkplatz sicher sein, ohne Wenn und Aber. Dies trifft leider nicht auf alle Geldmarktfonds zu.

• Die **dritte** Anforderung an den Geld-Parkplatz: Der Notgroschen sollte natürlich möglichst appetitlich verzinst werden, was in diesen Zeiten nicht einfach ist, sondern unmöglich. Dieser letzte Punkt sorgt dafür, dass neben Geldmarktfonds die meisten **Sparbücher** als Geldparkplätze ausscheiden. Dort ist die Verzinsung in der Regel so niedrig, dass sie sich schlicht nicht als Anlageform lohnen – insbesondere dann, wenn man die Inflation, also die schleichende Geldentwertung, berücksichtigt. Ein Beispiel: Bei einem jährlichen Sparzins von 0,5 Prozent und einer Inflationsrate von 1,5 Prozent liegt die wirkliche Rendite, die das Ersparte abwirft, Jahr für Jahr bei minus ein Prozent. Die Kaufkraft schrumpft also im Wert, anstatt zu wachsen. Hinzu kommt, dass man bei vielen Spareinlagen Kündigungsfristen und monatliche Abhebe-Höchstgrenzen berücksichtigen muss. Fazit: Sparbücher sind toll, vor allem für Banken und Sparkassen. Wer als Privatanleger ein Sparbuch hat, sollte es auflösen.

Wie kann man seinen Notgroschen also jederzeit zugänglich, absolut sicher und relativ renditestark anlegen?

Zurzeit gar nicht. Die extrem niedrigen Zinsen infolge der jüngsten Finanzkrise, von Notenbanken und Politik bewusst herbeigeführt, machen dies vorerst unmöglich.

Die beiden meines Erachtens besten Möglichkeiten sind, ich gebe es zu, ebenfalls ausgesprochen schwach:

• **Tagesgeldkonten** bieten heute nahezu alle Banken und Sparkassen an. Sie heißen manchmal auch »Sparkonto«, »Extra-Konto« oder ähnlich. Entscheidend ist indes nicht der Name, sondern der Umstand, dass der Zinssatz beim Tagesgeld etwas höher liegt als bei klassischen Sparkonten – allerdings noch immer auf äußerst niedrigem Niveau. Dabei gilt, wie der Name dieser Anlageform nahelegt, dass man jederzeit, also »täglich«, ohne Auflagen oder Gebühren an das Ersparte kommt. Dank der Einbindung in die Einlagensicherung der deutschen Finanzinstitute ist das Geld dort bei den meisten Banken sicher. Für jeden, der Geld parken will, ist dies zwar keine gute Lösung, aber die am wenigsten schlechte.

Allerdings sollte man, wenn man ein Tagesgeldkonto nutzen will, nicht auf Lockangebote hereinfallen. Gewährt ein Anbieter beispielsweise auf den ersten Blick ungewöhnlich hohe Zinsen, sollte man sogleich zwei Fragen stellen: Gilt dieser Zinssatz dauerhaft, oder nur für eine kurze Einstiegsphase, etwa wenn »frisches« Geld von Neukunden bei dieser Bank eingezahlt wird? Auch die Frage der Sicherheit ist wichtig, wie im Herbst 2008 beispielsweise die Pleite der isländischen Kaupthing Bank deutlich machte. Die Zinsen dieser Bank waren zuvor mit die höchsten in Deutschland gewesen. Allerdings war gleichzeitig die Einlagensicherung bei diesem Institut nicht annähernd so umfangreich wie bei in Deutschland beheimateten Banken und Sparkassen. Für viele Anleger war Kaupthing-Tagesgeld eine höchst schmerzhafte Erfahrung, und auch bei anderen auf den ersten Blick verlockenden Anbietern in Deutschland – etwa der Parex-Bank aus Lettland oder ICICI aus Indien – ging es nicht ohne beträchtliche Nervosität zu.

• Aktuell spricht wenig dagegen, den Notgroschen in Form von **Bargeld** – also Geldscheinen – aufzubewahren. Die Zinsen, die einem dadurch entgehen, sind minimal. Selbstverständlich sollte man ein Bündel Banknoten nicht in die Küchenschublade legen, sondern sicher aufbewahren. Wer zuhause oder bei der Bank über Tresor oder Schließfach verfügt, kann und sollte darauf zurückgreifen. Darüber hinaus dürften jedem halbwegs findigen Menschen Aufbewahrungsorte einfallen, die geeignet sein könnten und keine Gebühren kosten.

Dies sind, ich weiß, zwei schlichte Vorschläge. Auf absehbare Zeit gibt es indes keine besseren Parkplätze für den Notgroschen. Sobald die Zinsen wieder steigen – dies *wird* eines Tages passieren –, werden Sparer wieder bessere Optionen haben. Bis dahin heißt es: abwarten.

Kapitel 5:

Versicherungen

In den vergangenen Jahren ist den Deutschen immer wieder attestiert worden, sie seien **überversichert**. Gemeint ist damit, dass sie dank einer ungesund-hysterischen Risikoaversion – oder auch infolge intensiver Beratung durch Versicherungsvertreter – mehr Policen abgeschlossen hätten, als sie eigentlich benötigen.

In dieser Behauptung steckt ein Kern Wahrheit, aber sie ist dennoch nicht ganz zutreffend. Tatsächlich haben viele Bundesbürger – insofern stimmt die Aussage – oft Versicherungen abgeschlossen, die überflüssig sind oder für einen »normalen« Privathaushalt einen zu umfangreichen und daher auch unverhältnismäßig kostspieligen Schutz bieten.

Das ist jedoch nur die eine Seite der Medaille. Auf der anderen stehen Millionen Menschen in unserem Land, die die wirklich wichtigen Versicherungen, die ein existenzielles Risiko abdecken, eben *nicht* abgeschlossen haben.

Insofern ist beim Blick auf die Versicherungslandschaft einiges im Argen. Es gibt überversicherte Haushalte, die regelmäßig viel Geld für ihren Schutz aufwenden, das sie möglicherweise besser für die private Altersvorsorge nutzen sollten. Doch genauso typisch sind in der Bundesrepublik die **Unterversicherten** und die **Falsch-Versicherten**. Bei beiden Gruppen herrscht beträchtliche Unklarheit darüber, welche Versicherungen man braucht – und welche man sich unter Abwägung der Risiken sparen kann.

Die erste Gruppe, also die **wirklich wichtigen Versicherungen**, sind mitunter eine Selbstverständlichkeit, weil sie gesetzlich vorgeschrieben oder für jedermann ersichtlich notwendig sind. Dies gilt beispielsweise für die **Krankenversicherung** (egal, ob nun gesetzlich oder privat) und in der Regel die ergänzende und preisgünstige **Auslandsreise-Krankenversicherung**; die **Wohngebäudeversicherung** für Immobilienbesitzer; die **Auto-Haftpflicht**, ohne die man bei uns nicht ans Steuer darf; oder auch die **Risiko-Lebensversicherung**, die der finanziellen Absicherung von Angehörigen dient (siehe Kapitel 10).

Darüber hinaus gibt es jedoch zwei existenzielle Versicherungen, die viele Millionen Menschen nicht abgeschlossen haben und sträflich ignorieren: die **Privathaftpflicht** und die **Berufsunfähigkeitsversicherung**, manchmal auch kurz »BU-Versicherung« oder nur »BU« genannt.

• Die **private Haftpflicht** ist eine der wichtigsten Versicherungen überhaupt. Die Gesetzeslage ist bei uns und in vielen anderen Ländern eindeutig: Wer einem anderen – egal ob vorsätzlich oder versehentlich – einen Schaden zufügt, hat diesen zu ersetzen, in voller Höhe. Die Möglichkeiten für kleine und große Unfälle sind grenzenlos: ein Blumentopf, den der Wind vom Balkon reißt; eine Ungeschicklichkeit, die das Eigentum eines anderen beschädigt oder zerstört; ein geplatzter Waschmaschinenschlauch; und so weiter. Dabei ist der Verursacher eines Schadens nicht nur verpflichtet, Sachen zu ersetzen, sondern auch für gesundheitliche Beeinträchtigungen einzustehen, die er aus Versehen einem anderen zugefügt hat (zum Beispiel mit dem Blumentopf, der vom Balkon fiel). Gerade dieser Punkt – was ist, wenn wegen der eigenen Nachlässigkeit ein anderer Mensch nie mehr arbeiten kann? – macht deutlich, warum die Privathaftpflicht so wichtig ist. Die Folgekosten eines Unfalls können sehr schnell im sechs- oder siebenstelligen Bereich liegen – und die müssen, wie auch Sachschäden, bis zum letzten Cent aus dem Privatvermögen bezahlt werden. Übrigens gilt dies ebenfalls, wenn die eigenen Kinder etwas anstellen (»Eltern haften für ihre Kinder«).

Kurz: Ein einziges Malheur kann einen ohne weiteres ruinieren, wenn man keinen privaten Haftpflichtschutz besitzt. Ungefähr jeder dritte Bundesbürger verzichtet trotzdem darauf und geht damit Tag für Tag ein absurd hohes Risiko ein. Die Kosten für eine Privathaftpflicht liegen je nach Ausstattung bei den meisten Anbietern zwischen 40 und 120 Euro im Jahr. Sie zählt also zu den niedrigpreisigen Policen. Wenn Sie dies lesen und keine Privathaftpflicht für sich und Ihre Angehörigen abgeschlossen haben, sollten Sie sich sofort darum kümmern – am besten noch heute. Achten sollten Sie dabei auf eine Versicherungssumme in ausreichender Höhe. Das sind in der Regel mindestens drei Millionen Euro je Schadensfall, besser fünf Millionen. Wer eine höhere Summe wählt, zahlt meist nur einige Euro mehr im Jahr.

Bei jeder Versicherung, die man abschließt, muss man jedoch einige **Spielregeln** beachten. Das gilt auch für die Privathaftpflicht:

1. Eine Police gilt meist für beide **Ehepartner** beziehungsweise für eingetragene **Lebenspartner**.

2. Ein **unverheiratetes** beziehungsweise **nicht verpartnertes Paar** sollte für beide eine separate Haftpflichtversicherung abschließen – selbst wenn man seit vielen Jahren in einer festen Beziehung und unter einem Dach zusammenlebt.

3. **Kinder** sind im Regelfall bis zum Ende Ihrer Ausbildungszeit über die Eltern mitversichert. Beachten sollten Eltern, dass Kinder bei einer Pause zwischen Schule und Studium (zum Beispiel bei einem Auslandsaufenthalt) mitunter eine eigene Versicherung brauchen – man sollte sich also rechtzeitig informieren.

4. Wer ein größeres Haustier (Hund, Pferd) besitzt, sollte dafür unbedingt eine **Tierhalterhaftpflicht** abschließen, denn man haftet auch für die Schäden, die eigene Tiere anrichten. Sie kostet ebenfalls nicht viel; die Police für einen Hund schlägt beispielsweise ab ungefähr 50 Euro im Jahr zu Buche. Kat-

zen und andere kleinere Hausgenossen – etwa Vögel oder Nagetiere – werden dagegen automatisch von der regulären Privathaftpflicht abgedeckt.

• Die zweite wirklich wichtige Versicherung, die Millionen Menschen nicht haben, ist die **Berufsunfähigkeits- oder BU-Versicherung.** Sie springt für den Fall ein, dass man aus gesundheitlichen Gründen seinen Beruf nicht mehr ausüben kann – also kein Arbeitseinkommen mehr erzielt. Dies ist eines der größten Finanzrisiken. Denn wenn die Gesundheit nicht mehr mitspielt, haben wir alle vom Staat heute viel weniger zu erwarten als noch vor einigen Jahren. Dies gilt nach Gesetzesänderungen in der jüngeren Vergangenheit insbesondere für all jene, die Jahrgang 1961 oder jünger sind. Sie erhalten im Fall der Fälle vom Staat überhaupt keine BU-Rente mehr, sondern allenfalls eine knapp bemessene Erwerbsminderungsrente. Und auch ältere Menschen, die noch ein gesetzliches Anrecht auf eine BU-Zahlung vom Staat haben, können damit in der Regel nicht ihren vollen Lebensunterhalt decken. Wer noch in der Ausbildung ist, als Hausfrau oder Hausmann arbeitet oder selbstständig ist, hat oft überhaupt keine Ansprüche.

Das Risiko, berufsunfähig zu werden, ist zugleich größer, als sich die meisten vorstellen. Etwa jeder Fünfte bis jeder Vierte wird in Deutschland vor Erreichen des regulären Altersruhestands offiziell berufsunfähig, mehr als 100 000 Menschen im Jahr. Körperliche Gebrechen spielen dabei immer noch eine wichtige Rolle, allen voran **lebensgefährliche** Diagnosen wie Krebs oder Herz-Kreislauf-Erkrankungen. Auch Arbeitnehmer in einigen körperlich anstrengenden und/oder sehr **risikoträch-tigen Berufszweigen** – zum Beispiel Dachdecker oder Mau-rer – werden nach wie vor besonders oft berufsunfähig. Doch der wichtigste Trend ist seit einigen Jahren ein anderer: Der Anteil der Berufsunfähigen, die an einer **psychischen Erkran-kung** leiden, steigt stetig. Bei Frauen liegt er bereits bei rund einem Drittel, bei Männern etwa bei einem Viertel aller Fälle.

Diese Zahlen machen deutlich: Die BU ist eine der wich-tigsten Versicherungen überhaupt, weil sie bei dauerhafter ge-sundheitlicher Beeinträchtigung zumindest ein Grundeinkom-men garantiert. Dennoch ist nur jeder Vierte für den Fall einer Berufsunfähigkeit privat abgesichert. Deshalb sollte man, noch bevor man Geld für die Altersvorsorge zurücklegt, zuerst ein-mal eine ausreichende BU-Versicherung abschließen und regel-mäßig die Beiträge zahlen. Dies gilt insbesondere für jüngere Menschen. Sie sollten dies so früh als möglich einrichten – was in der Regel heißt: sobald sie es sich irgendwie leisten können. Mit jedem Geburtstag wird es nämlich teurer.

Wer das in jungen Jahren tut, hat zwar monatlich Kosten zu tragen, darf sich allerdings über Beitragssätze freuen, die deut-lich unter denen für Ältere liegen. Dies liegt vor allem daran, dass junge Menschen in der Regel keine (oder nur wenige) Vor-erkrankungen haben, die sie für die Versicherungen zu einem Risikokandidaten machen. Ist erst einmal eine ernste Krankheit von einem Arzt diagnostiziert worden, wird die Sache deutlich schwieriger und viel teurer. Oft erhalten Antragsteller mit ei-ner umfangreicheren Krankenakte keinerlei BU-Schutz mehr.

Hinzu kommt, dass man in jungen Jahren die BU-Versicherung am meisten braucht. Schließlich haben die meisten in dieser Lebensphase nicht allzu hohe (oder überhaupt keine) Rücklagen gebildet, während sie im Normalfall noch mehrere Jahrzehnte der Berufstätigkeit vor sich haben. Oft ist der Abschluss einer Versicherung bereits im Alter von 15 Jahren möglich.

Zugegeben: Eine Berufsunfähigkeitsversicherung kostet vergleichsweise viel Geld, sogar für die Jüngsten. Neben dem Alter spielen bei der Berechnung der Beitragssätze mehrere andere Faktoren eine Rolle – etwa Geschlecht und Gewicht, der Beruf, die Freizeitaktivitäten (Risikosportarten?), der Zigarettenkonsum und natürlich die Höhe der BU-Rente, die gegebenenfalls vom Versicherer zu zahlen ist. Wer erst Mitte zwanzig und gesund ist und eine BU-Rente von 1000 Euro monatlich vereinbart, kann bei einem günstigen Anbieter weniger als vierzig Euro im Monat zahlen. Dieser Betrag kann bei älteren Antragstellern mit Risikofaktoren jedoch auch im mittleren dreistelligen Bereich liegen. Tipp: Die Stiftung Warentest nimmt die Anbieter von BU-Policen regelmäßig unter die Lupe – eine gute Anlaufstelle, um sich über aktuelle Tarife mit attraktivem Preis-Leistungs-Verhältnis zu informieren.

Sowohl Versicherte als auch BU-Interessierte sollten stets drei Dinge im Hinterkopf behalten, die bei dieser Versicherung wichtig sind:

1. Es versteht sich eigentlich von selbst, ist jedoch nicht allen klar: Eine Berufsunfähigkeitsversicherung ist, wie der Name schon sagt, eine **Versicherung** und kein Element der **Altersvorsorge**. Im Idealfall bleibt man bis zum Ruhestand kern-

gesund und muss diese Police erfreulicherweise niemals in Anspruch nehmen. In diesem Fall gibt es zu keinem Zeitpunkt Geld von der Versicherungsgesellschaft zurück. Man hat also noch keinen einzigen Cent fürs Alter zurückgelegt. (Anders sieht es natürlich aus, wenn die BU an eine andere Form der Altersvorsorge gekoppelt ist, zum Beispiel an eine Kapital-Lebensversicherung.)

2. Vor Ausstellung einer BU-Police wird der Interessent von der Versicherungsgesellschaft im wahren Sinne des Wortes auf Herz und Nieren (und noch einiges mehr) geprüft. Der Fragenkatalog, der die individuellen Lebensumstände abfragt, ist sehr umfangreich. Wer hier schummelt oder kleine Details verschweigt – insbesondere bei den **Vorerkrankungen** –, geht ein gewaltiges Risiko ein. In diesem Fall kann es passieren, dass die Versicherung genau dann nicht zahlt, wenn man sich wirklich in einer gesundheitlichen – und damit oft auch finanziellen – Notlage befindet. An dieser Stelle geht es also nur mit absoluter Ehrlichkeit und Wahrhaftigkeit, die ganze Wahrheit und nichts als die Wahrheit. Auch Leiden, die von vielen vielleicht als vorübergehende Zipperlein abgetan werden, sollte man sicherheitshalber nennen. Beispiele sind lange zurückliegende Bandscheibenvorfälle, Heuschnupfen oder wiederkehrende Depressionsschübe, in deren Verlauf man einen Arzt konsultiert hat. Ärzte sind, wenn es um die Bewilligung einer BU-Rente durch den Versicherer geht, übrigens von ihrer Schweigepflicht entbunden. Die Wahrscheinlichkeit ist also groß, dass Vorerkrankungen früher oder später ans Licht kommen.

3. Die BU ist eine Versicherung mit umfangreichem, kompliziertem Kleingedruckten, den **Klauseln**. Für die meisten dürfte es aus diesem Grund hilfreich sein, sich vor einem Abschluss von unabhängigen Experten beraten zu lassen, zum Beispiel bei einer Verbraucherzentrale (www.vzbv.de). Meistens spielen diese Aspekte dabei eine Rolle:

- Eine sogenannte **Ausstiegsklausel** sollte man, wenn möglich, meiden. Sie erlaubt es der Versicherung, den Vertrag zu annullieren, wenn man zum Zeitpunkt des Abschlusses bereits nachweislich erkrankt war, ohne dies zu wissen.
- Ähnlich problematisch ist die sogenannte **abstrakte Verweisung**. Greift diese Klausel, darf die Versicherungsgesellschaft dem berufsunfähig Gewordenen »abstrakt« eine andere berufliche Stellung zuweisen, die er prinzipiell noch ausüben könnte – und zwar unabhängig davon, ob er dort Chancen auf einen Arbeitsplatz hat oder nicht. Für den Versicherten stellt dies ein erhebliches Risiko dar.
- Auch eine Pflicht zur **Umschulung** sollte man möglicht ausschließen. Nach Abschluss der Umschulungsmaßnahme erhält der Versicherte keine Rentenzahlung.
- Die **Nachversicherungsgarantie** ist dagegen nützlich. Sie erlaubt es dem Versicherten, zu einem späteren Zeitpunkt den Leistungsumfang seines BU-Schutzes ohne eine erneute Gesundheitsprüfung auszuweiten.
- Je kürzer die **Karenzzeit** – das ist die Zeit zwischen Eintritt einer Berufsunfähigkeit und der ersten Rentenzahlung –, umso besser für den Versicherten.

- Zahlt die Versicherung, wenn ein Versicherungsfall **verspätet gemeldet** wird?
- Greift der Schutz **weltweit**?
- Werden Versicherungssumme und Beitragshöhe regelmäßig nach oben angepasst (**Beitragsdynamik**)?
- Die **Koppelung** einer BU an eine kapitalbildende Versicherung ist problematisch. Zum einen zieht diese Bündelung hohe Kosten nach sich, zum anderen verliert man in der Regel, wenn man die Kapital-Versicherung auflösen möchte, den BU-Schutz.

Neben den beiden genannten, wirklich wichtigen Policen sollte man, sofern man diesen Schutz noch nicht hat, ernsthaft über eine **Hausratversicherung** nachdenken. Die Risiken, die sie abdeckt, sind nicht so groß wie bei Privathaftpflicht oder BU. Die meisten Menschen, deren Azubi- oder Studentenbuden-Dasein bereits einige Jahre zurückliegt, dürften damit jedoch deutlich ruhiger schlafen, nicht zuletzt auf Urlaubsreisen.

Die Hausratversicherung leistet Ersatz, wenn das Hab und Gut abhanden kommt (Diebstahl) oder beschädigt oder zerstört wird (Feuer, Wassereinbruch, Sturm, Hagel, Blitzschlag und so weiter). Auch hier kommt es – wie bei den meisten Versicherungen – jedoch auf die genaue Ausgestaltung des Vertrags an (siehe Kasten).

Viele Versicherungen, die sich bei den Bundesbürgern großer und größter Beliebtheit erfreuen, kann man sich andererseits

Worauf man bei der Hausratversicherung achten sollte

- Nicht jede Hausratversicherung deckt alle Risiken ab – man sollte vor Unterzeichnung also unbedingt das **Kleingedruckte** lesen. Für den Fall, dass Einbrecher talentfrei sind und frustriert randalieren, sollte die Police Schäden durch **Vandalismus** abdecken.

- Stellen Sie sicher, dass Sie nicht **unterversichert** sind. Eine Unterversicherung liegt vor, wenn die Versicherungssumme (sagen wir: 30 000 Euro) unter dem Wiederbeschaffungswert Ihres Wohnungsinhalts (zum Beispiel 60 000 Euro) liegt. Kommt es in so einer Situation zu einem Schaden, wird die Versicherung den Verlust nur zu einem Teil tragen. Gegen einen recht kleinen Beitragsaufschlag kann man eine Unterversicherung pauschal ausschließen.

- Die genaue Höhe des Beitrags für eine Hausratpolice hängt entscheidend vom **Wohnort** ab. Metropolen sind generell teurer als Kleinstädte und Dörfer. Allerdings gibt es auch zwischen einzelnen Großstädten erhebliche Unterschiede. So kostet eine Police in Berlin (arm, sexy, relativ verbrecherisch) beispielsweise erheblich mehr als in München (reich, sexy, relativ sicher).

- Inventar, das aus der Sicht der Versicherung besonders riskant ist, muss mitunter separat (oder mit Aufschlag) geschützt werden – zum Beispiel **Aquarien** oder **Wasserbetten**. Dies gilt auch für außerordentlich **Wertvolles** wie Schmuck, Antiquitäten, Münzsammlungen oder Kunstgegenstände. Hier kann, sofern größere Vermögenswerte vorhanden sind, eine **Spezialversicherung** sinnvoll sein.

- Manche Hausratpolicen schließen den Verlust des **Fahrrads** ein. Klingt gut, hat meist jedoch einen Haken: Die Klauseln sind im Fall eines Diebstahls oft so lebensfern, dass man sich diesen recht kostspieligen Punkt guten Gewissens sparen kann, sofern man kein extrem teures Hightech-Spitzen-Bike fährt. Besser: Investieren Sie in ein gutes, knackfestes Schloss.

getrost schenken. Dies gilt insbesondere für jene Risiken, die auch im schlimmsten Fall nicht die eigene Existenz gefährden. Anders gesagt: Wenn es zu einem Schaden kommen sollte, wird man sich zwar nicht freuen; man steht andererseits aber nicht gleich vor der Privatinsolvenz.

- Besonders viele Freunde hat in Deutschland die **Rechtsschutzversicherung,** die weit mehr Menschen abgeschlossen haben als beispielsweise die BU. Dies ist bedenklich. Der private Rechtsschutz ist vergleichsweise teuer – die Spanne reicht für Standardversicherungen etwa von 80 bis 300 Euro im Jahr. Zugleich ist das finanzielle Risiko, das mit einem möglichen Prozess einhergeht, oft nicht beängstigend hoch, und die Klauseln dieser Versicherungen sind umfangreich. Es kann also sein, dass die Police im Fall der Fälle nicht einmal greift. (Wenn man große Freude am Verklagen der Nachbarn oder ein originelles Sündenregister hat, ist die Lage möglicherweise eine andere.

Dann kann es sich durchaus lohnen.) Generell aber gilt: Viel wichtiger als der Rechtsschutz ist die BU-Versicherung.

• Eine **Glasbruchversicherung** ist meist überflüssig – außer für Menschen mit besonders viel Glas im Haus (etwa in einem Wintergarten).

• Das gilt grundsätzlich auch für Versicherungen auf Reisen. Insbesondere **Reisegepäckversicherungen** sind oft völliger Blödsinn. Die Klauseln in ihren Verträgen sind meist grotesk realitätsfern. Und Hausratpolicen decken üblicherweise auch den Diebstahl von Gepäck aus einem (abgeschlossenen) Hotelzimmer ab. Eine sogenannte **Reiserücktrittsversicherung** kann bei einer besonders aufwändigen Reise, für ältere Menschen oder für Familien mit Kleinkindern sinnvoll sein; sonst ist sie es nicht.

• **Unfallversicherungen** sind grundsätzlich nicht schlecht. Allerdings decken sie lediglich ein Einzelrisiko ab: die gesundheitliche Beeinträchtigung nach einem Unfall, nicht bei Krankheit. Viel besser (wenngleich auch kostspieliger) ist daher eine BU-Versicherung. Wer aufgrund von ernsten Vorerkrankungen allerdings keinen BU-Schutz mehr erhält, kann durchaus den Abschluss einer Unfallversicherung in Erwägung ziehen. Auch eine sogenannte **Dread-Disease-Police**, die nur einzelne lebensbedrohliche Krankheiten (»dread diseases«) abdeckt, kann dann in Frage kommen.

Wer eine neue Versicherung abschließen möchte, sollte unbedingt von mehreren Gesellschaften Angebote einholen und **vergleichen** – und zwar nicht nur mit Blick auf die vorgeschlagene **Beitragshöhe**, sondern auch auf die **Konditionen** des Vertrags (also das Kleingedruckte). An dieser Stelle gibt es beträchtliche Unterschiede, wie das oben angeführte Beispiel der Berufsunfähigkeitspolice verdeutlicht.

Sollte sich die eine oder andere Absicherung bei einer Überprüfung als überflüssig herausstellen, lohnt es ebenfalls, aktiv zu werden und den Vertrag zum nächstmöglichen Termin schriftlich bei der Gesellschaft zu **kündigen**. Das auf diesem Weg gesparte Geld kann dann etwa für die private Altersvorsorge genutzt werden. Dort ist es viel besser aufgehoben als bei einer unnötigen Versicherung.

III. Rente & Altersvorsorge

Kapitel 6:

Die gesetzliche Rente

Mit reichlich Hohn ist in den vergangenen Jahren immer wieder an einen Satz von Norbert Blüm, Bundesminister für Arbeit und Soziales in den Jahren 1982 bis 1998, erinnert worden. Der erklärte einst allen Warnungen und Demografie-Trends zum Trotz: »Die Rente ist sicher.«

Das stimmte und stimmt im Kern: Die Mehrheit der Bundesbürger erhält mit dem Eintritt in den Altersruhestand Geld aus den staatlichen Rentenkassen, und sofern die Bundesrepublik nicht in eine Staatspleite rutscht (ein unwahrscheinliches Szenario), ist diese Zahlung in der Tat »sicher«.

Doch obwohl man Blüm nicht der Lüge bezichtigen kann, ist sein geflügeltes Wort dennoch nur die halbe Wahrheit – und damit zumindest pikant. Denn es steht zu befürchten, dass die staatliche Rente, die viele heute jüngere Deutsche eines Tages erhalten werden, ausgesprochen übersichtlich ausfallen wird.

Verantwortlich sind dafür eine Reihe von Faktoren, deren wichtigster der zu erwartende demografische Wandel ist: die prozentuale Zunahme des Gesellschaftsanteils, der auf relativ alte Menschen entfällt, die im Ruhestand finanziell versorgt werden müssen. Als Folge dieses langfristigen Trends müssen immer weniger Berufstätige (die Jüngeren) immer mehr Ruheständler (die Älteren) mit ihren Zahlungen in die staatliche Rentenkasse finanzieren. An ein Aufrechterhalten des Lebensstandards mit Erreichen des gesetzlichen Ruhestandsalters wird damit kaum zu denken sein. Altersarmut und sozialer Abstieg sind die Reizbegriffe, die vielen beim Gedanken an den eigenen Ruhestand in den Sinn kommen.

Doch es gibt noch weitere Punkte, die Blüms Ausspruch für jeden langfristig planenden und vorsorgenden Sparer in Frage stellen:

• Die Bundesregierung doktert – mal in dieser, mal in jener Koalition – immer wieder an den Rentengesetzen herum. Ein **»demografischer Faktor«** wird eingeführt (1997), der die finanziellen Folgen der schleichenden Alterung der deutschen Gesellschaft zumindest abfedern soll, dann wieder – kaum hat die Regierung gewechselt – ausgehebelt (1998). Einige Jahre später (2004) wird er in anderer Form erneut eingeführt, diesmal als »Nachhaltigkeitsfaktor«. Im Sommer 2009 wird dann eine »Rentengarantie« beschlossen, die besagt, dass Renten künftig nur noch steigen dürfen, nicht fallen. Bundeskanzler Gerhard Schröders »Agenda 2010«, im Kern eine vernünftige Sache, wird von der jetzigen Regierung, einer Großen Koalition, in entscheidenden Punkten rückgängig gemacht, und zwar federführend von den Sozialdemokraten, seiner eigenen Partei. Mütterrente und eine Verringerung des Renteneintrittsalters – in einer rasch alternden Gesellschaft ein verheerendes Signal – sind für einige, insbesondere für Ältere, prima, für junge Beitragszahler hingegen teuer. Auch hier scheint in der Politik die Devise zu gelten: Was schert mich die finanzielle Zukunftsfähigkeit der jüngeren Generationen – schließlich wird in ein paar Jahren schon wieder gewählt, nicht erst in drei Jahrzehnten. Ein bemerkenswertes Hin und Her der Regierungen, das für die Zukunft viele weitere Politik-Holpler in Sachen Rente befürchten lässt.

• Die **Renten** werden von Jahr zu Jahr **angepasst**, abhängig von der Entwicklung des allgemeinen Gehaltsniveaus und von der wirtschaftlichen Dynamik in Deutschland. In schlechteren Jahren fällt eine Erhöhung mitunter aus – nicht zuletzt, weil in solchen Zeiten die Arbeitslosigkeit steigt, also weniger Beschäftigte Beiträge an die Rentenversicherung abführen, die sie an Ruheständler weiterreicht. Doch selbst, wenn die gesamte Weltwirtschaft krankt – wie beispielsweise in den Jahren 2008 und 2009 –, können die Rentenanpassungen üppig ausfallen: In Wahlkampfjahren verteilt jede Regierung gern Geschenke an große Wählergruppen, unabhängig von der Kassenlage.

Kurz: Die Anpassung der Rente ist ein Spielball in den Händen der Politik. Dies gilt nicht nur für die alljährlich diskutierte Anpassung der Rentenhöhe, sondern grundsätzlich auch für den Beitragssatz zur gesetzlichen Rentenversicherung. Jüngstes Beispiel: Anfang 2014 hätte der Beitragssatz der gesetzlichen Rentenversicherung eigentlich fallen müssen, so sahen es die Spielregeln vor. Stattdessen wurde im Eildurchgang die Gesetzeslage geändert, und die Senkung der Sätze, die jeden Arbeitnehmer Monat für Monat finanziell entlastet hätte, fiel aus. Es herrscht Willkür.

• Das reguläre **Renteneintrittsalter** steigt bis 2029 nach und nach von 65 auf 67 Jahre. Wer im Jahr 1964 oder später geboren wurde, darf aus heutiger Sicht zu vollen Bezügen erst mit 67 in den Altersruhestand. (Wer einem früheren Jahrgang angehört, kann seine Rente etwas eher beantragen.) Doch es ist nicht nur möglich, sondern sogar wahrscheinlich, dass das Renteneintrittsalter in den kommenden Jahren weiter angehoben wird. Dies liegt daran, dass die Deutschen eine immer höhere Lebenserwartung haben, und dies im Großen und Ganzen fabelhafterweise bei deutlich besserer Gesundheit als in den vorangegangenen Generationen. Das ist an und für sich ein höchst erfreulicher Trend, was bei der Diskussion um die angebliche »Überalterung« der Gesellschaft oft unterschlagen wird: Es ist ganz sicher uneingeschränkt gut, dass wir dank des medizinischen Fortschritts und geänderter Lebensweisen im Durchschnitt länger leben als unsere Vorfahren und dabei gesünder sind. Eine Folge ist jedoch, dass ältere Menschen auch deutlich länger ihre Rente vom Staat beziehen. Aus dieser Entwicklung

ergibt sich für jede Regierung die Notwendigkeit, das Renteneintrittsalter weiter anzuheben und/oder die Renten weniger
rasch steigen zu lassen.

Dass dieser Zusammenhang insbesondere in Jahren des
Wahlkampfes regelmäßig unterschlagen wird, ist eine andere
Sache. Die Große Koalition, die zurzeit in Berlin regiert, hat sich
beispielsweise – den langfristigen demografischen Erfordernis-
sen widersprechend – auf die Einführung einer abschlagsfreien
»Rente mit 63« im Sommer 2014 verständigt. Der entscheidende Punkt: Wer 45 Jahre lang Beiträge in die gesetzliche Rentenversicherung geleistet hat – Zeiten der Arbeitslosigkeit zählen
bei der Rechnung mit –, kann mit 63 in den Altersruhestand
eintreten, ohne finanzielle Einbußen zu erleiden.

• Ein weiterer Aspekt, den jeder Arbeitnehmer, der heute seine erwartete Altersrente zu ermitteln versucht, berücksichtigen muss: Rentner sind keineswegs pauschal von **Steuern** und
Sozialabgaben befreit. Der Staat hält nicht nur bei Arbeitneh-
mern die Hand auf, sondern auch bei Ruheständlern. Die Höhe
der Abgaben unterliegt dabei ebenso politischen Einflüssen wie
die Rentenhöhe und das Renteneintrittsalter. So legt das 2005
eingeführte Alterseinkünftegesetz fest, dass die Steuern auf die
Altersbezüge von Jahr zu Jahr steigen. Wer 2005 das Renteneintrittsalter erreichte, musste seine Bezüge vom Staat zu 50
Prozent der Einkommensteuer unterwerfen. Die Renten derjenigen, die im Jahr 2040 oder später in den Altersruhestand
gehen, unterliegen dagegen vollständig der Einkommensteuer.

• Der vielleicht wichtigste Unsicherheitsfaktor bei der Rente ist
die **Inflation**, also die schleichende Geldentwertung. 2008 lag

die Preissteigerung phasenweise bei deutlich mehr als drei Prozent; und in vielen Berufsjahren der heutigen Rentner –1992, 1982, 1981, 1980, 1975, 1974, 1973, 1972 und 1971 – stand sie bei über fünf Prozent. Solange die Rentenhöhe von Jahr zu Jahr an eine derart hohe Inflation angepasst wird, ist dies kein Problem für Ruheständler – die reale Kaufkraft des Alterseinkommens bleibt erhalten. Doch dies ist – ein weiteres Mal als Folge der politischen Gestaltungsmöglichkeiten – keineswegs automatisch der Fall. Steigen die jährlichen Rentenzahlungen vom Staat beispielsweise nominal um zwei Prozent, die echten Lebenshaltungskosten aber um vier Prozent, haben Rentner real zwei Prozent weniger im Portemonnaie. Ihnen steht also eine geringere Kaufkraft zur Verfügung, obwohl die Rente erhöht wurde.

Eine Randnotiz: Das im Zuge der weltweiten Finanzkrise in den Jahren 2007 bis 2013 manchmal aufgezeigte Risiko, die gesetzliche Rentenversicherung könnte sich mit ihrem Vermögen an den Finanzmärkten »verzocken« und so die Altersversorgung von Millionen Menschen gefährden, besteht nicht. Die staatliche Rentenversicherung in der Bundesrepublik hat von Anfang an auf das sogenannte Umlageverfahren gesetzt. Dabei versorgen die Jüngeren – die in der Mehrzahl arbeiten und Geld in die Rentenversicherung einzahlen – die Älteren, die im Ruhestand leben und Geld vom Staat für ihren Lebensunterhalt erhalten. 1957 stellte die Bundesregierung unter Kanzler Konrad Adenauer endgültig auf dieses Prinzip um. Infolge des Umlageverfahrens wird kein großer Kapitalstock aufgebaut, so dass exorbitante Fehlinvestments an dieser Stelle prinzipiell kaum möglich sind. Dass dieses Verfahren in einer alternden Gesellschaft nicht zukunftsfähig ist, steht auf einem anderen Blatt.

Die genannten Faktoren haben in der Summe eine unangenehme Konsequenz: Die **Planungssicherheit** ist für Millionen Bundesbürger, die sich über ihre Altersversorgung Gedanken machen, akut gefährdet. Wer sich bei der Rente auf die Bundesregierung verlässt, sollte damit rechnen, im Alter nicht genug Geld für die Aufrechterhaltung des Lebensstandards zur Verfügung zu haben. Wer ein Leben lang daran gewöhnt war, ein besseres Auto zu fahren, zu verreisen und großzügig zu wohnen, wird dann herbe Einbußen hinnehmen müssen. »**Versorgungslücke**« nennt man diese Differenz zwischen gewohntem und staatlich im Alter gesichertem Lebensstandard. Sie wird eines Tages jeden treffen, der nicht rechtzeitig – und in ausreichendem Umfang – Eigeninitiative ergreift und systematisch privat fürs Alter vorsorgt, je früher desto besser. Wer heute davon ausgeht, dass die gesetzliche Rente künftig nicht mehr als eine Basisversorgung abdecken wird, und vor diesem Hintergrund tätig wird und spart, handelt ganz sicher umsichtig und klug.

Doch bevor man angesichts der eigenen Versorgungslücke zum Bank- oder Vermögensberater eilt und gedankenlos alle möglichen Verträge unterzeichnet, sollte man in Ruhe einen **Kassensturz** machen und ermitteln, welche Zahlungen man eines Tages aus den gesetzlichen Rentenkassen überhaupt erwarten kann. Dies ist ein etwa mühsames Projekt, das mehrere Stunden Arbeit macht; wahrscheinlich müssen einige Briefe geschrieben und Telefonate geführt werden. Viele Menschen, die mit Zahlen und Behördendeutsch weniger gut klarkommen, sollten sich dabei von Verwandten oder Freunden helfen lassen.

Doch so lästig diese Bestandsaufnahme auch fallen mag: Sie hat ein wichtiges Ziel – klärt sie doch die Zahlen, mit deren Hilfe man seine persönliche Zukunft (und damit auch die Zukunft der eigenen Familie) überhaupt planen kann. Anders gesagt: Bevor man sich auf die Reise der privaten Altersvorsorge begibt, ist es gut zu wissen, wo man überhaupt aufbricht. Dazu dient die Ermittlung des persönlichen Rentenanspruchs.

Hilfreich ist dabei die sogenannte **Renteninformation**, die die **Deutsche Rentenversicherung** (DRV) seit einigen Jahren in regelmäßigen Abständen – ungefähr einmal jährlich – an die Versicherten per Post verschickt. Die Deutsche Rentenversicherung in Berlin, die wiederum aus mehr als einem Dutzend regionaler und überregionaler Rentenversicherungsträger besteht, ist heute für alle Rentenfragen in Deutschland zuständig. Sie ging unter anderem aus der Bundesversicherungsanstalt für Angestellte, BfA, hervor. Die DRV findet man im Internet auf www.deutsche-rentenversicherung.de. Telefonisch erreicht man sie unter der Service-Hotline 0800/1000-4800. Dort kann man bei Bedarf auch eine aktuelle Renteninformation anfordern, in der man nachlesen kann, welche Zahlungen man unter bestimmten Annahmen im Alter vom Staat erwarten darf. Tipp: Halten Sie bei Nachfragen Ihre Versicherungsnummer bereit.

Die Renteninformation bezieht sich immer auf die individuellen Lebens- und Arbeitsdaten, also unter anderem auf die Dauer und Höhe der Beitragszahlungen an das gesetzliche Rentensystem sowie auf die Besonderheiten des Lebenslaufs (zum Beispiel Ausbildung, Wehr- und Zivildienst, Erziehungszeiten). Sie basiert auf den Angaben, die im sogenannten **Versicherungsverlauf** genannt werden, aus dem hervorgeht, in welchem Zeitraum bei welchem Arbeitgeber welche Beiträge an die Versicherungsträger abgeführt wurden. Die Behörde macht in der Renteninformation konkrete, allerdings lediglich geschätzte Euro-und-Cent-Angaben über

- die **Höhe der Altersrente** unter der Annahme, dass man die in den vergangenen fünf Jahren gezahlten Beiträge in gleicher Höhe auch in Zukunft fortsetzt;
- die Bezüge, die man im Alter unter Zugrundelegung einer hypothetischen **Rentenerhöhung** von beispielsweise ein oder zwei Prozent im Jahr erhalten würde;
- und den etwaigen Anspruch eines Versicherten auf eine **Rente wegen Erwerbsminderung**.

Allerdings macht die Renteninformation keine konkreten Angaben über die Rolle, die die **Inflation** künftig spielen wird. Dies ist insofern schlüssig, als niemand heute die Inflationsraten der Zukunft seriös abschätzen kann. Es ist also durchaus möglich, dass überdurchschnittliche Preissteigerungen in den kommenden Jahren und Jahrzehnten die reale Kaufkraft Ihrer individuell zu erwartenden Renten schmälern.

Für einen Großteil der Bundesbürger ist das Öffnen des Umschlags mit der aktuellen Renteninformation des Staates ein ernüchterndes Erlebnis: Die genannten Zahlen – also das zu erwartende Einkommen im Alter vor Steuern und Sozialabgaben – sind klein und manchmal schockierend.

Dieses Gefühl ist der Anfang der privaten Altersvorsorge.

Kapitel 7:

Die Riester-Rente

Die **Riester-Rente** ist für einen großen Teil der Bundesbürger eine lukrative Sache und ein sinnvoller – wenngleich nur kleiner – Baustein der Altersvorsorge. Zugleich ist sie in ihrer Machart leider eine Unverschämtheit. Denn sie ist von Politikern und Anbietern so kompliziert gestaltet worden, dass sie kein normaler Mensch mit einem vertretbaren Einsatz von Zeit und Hausaufgaben verstehen kann. Dies führt dazu, dass viele Verbraucher nach Bauchgefühl unterschreiben. Oft ist der Bauch leider ein schlechter Ratgeber.

Es überrascht daher nicht, dass Riester-Verträge in den ersten Jahren nach ihrer Entwicklung Ladenhüter waren und nur wenige Abnehmer fanden. Dies hat sich in der jüngeren Vergangenheit allerdings geändert. 2013 gab es einen Bestand von knapp 16 Millionen Riester-Verträgen. Damit ist diese Form der Altersvorsorge inzwischen eine der beliebtesten in der Bundesrepublik.

Die Riester-Rente hat ihren Ursprung in einer Reform zum Jahreswechsel 2001/02, bei der die Bundesregierung – damals eine Koalition aus Sozialdemokraten und Grünen – das gesetzliche Rentenniveau absenkte. Benannt ist sie nach Walter Riester, der in den Jahren 1998 bis 2002 Bundesminister für Arbeit und Sozialordnung und federführend bei der Konzeption dieser Vorsorgeform war.

Infolge der Gesetzesänderung kurz nach der Jahrtausendwende sank der Rentenanspruch der meisten Versicherten – eine **Versorgungslücke** tat sich auf und fand als Begriff prompt Eingang in den Duden. Diese infolge der Reform entstandene Lücke sollte mit der zeitgleich eingeführten Riester-Rente gestopft werden. Wer riestert, kann also keineswegs davon ausgehen, im Ruhestand ein finanziell sorgenfreies Leben führen zu können. Vielmehr hat er bestenfalls die Absenkung des Versorgungsniveaus zu Beginn des Jahrzehnts ausgeglichen, also ein politisch veranlasstes Defizit in seiner persönlichen Altersversorgung aufgefangen. Dieser Punkt ist wichtig: Es wäre ein grober Irrtum, mit Unterzeichnung eines Riester-Vertrags zu glauben, dass nun die finanzielle Absicherung im Ruhestand geregelt sei und man sich keine Gedanken und keine Sorgen mehr machen müsse. Um es ganz deutlich zu sagen: Der Abschluss einer Riester-Rente kann immer nur der Anfang der privaten Maßnahmen zur Altersvorsorge sein.

Die große Mehrheit der Bundesbürger ist **riesterberechtigt**, darf also einen solchen Vertrag abschließen und die eingebaute Förderung nutzen. Dies gilt grundsätzlich für alle Beschäftigen, die der Rentenversicherungspflicht unterliegen, sowie für viele andere Gruppen – etwa Beamte, Wehr- und Zivildienstleistende, Mütter und Väter in der Elternzeit, Bezieher von Arbeitslosengeld sowie alle Ehe- und Lebensgemeinschaftspartner von Förderberechtigten, selbst wenn sie nicht selbst arbeiten. Ausgenommen sind relativ wenige gesellschaftliche Gruppen, darunter beispielsweise Selbstständige ohne Rentenversicherungspflicht und Freiberufler, die im Rahmen der berufsständischen Versorgung pflichtversichert sind (u.a. Ärzte, Apotheker und Architekten). Für viele von ihnen kommt anstelle eines Riester-Vertrags alternativ die Rürup-Rente – oft Basisrente genannt – in Frage (Kapitel 8). Wichtig: Wer riestert, ohne förderberechtigt zu sein, hat die schlimmste aller möglichen Varianten erwischt. Er zahlt Gebühren, bekommt keine staatliche Förderung, bindet sich unnötig für Jahrzehnte und muss im Alter die Riester-Rente auch noch versteuern.

Um es vorwegzunehmen: Der Abschluss eines Riester-Vertrags lohnt sich für die große Mehrheit der Bundesbürger – sowohl für Besser- als auch für Nicht-so-gut-Verdiener, für Frauen und Männer, für Berufstätige wie Nicht-Berufstätige. Insbesondere profitieren auch diejenigen davon, die sich Vollzeit um die eigenen Kinder kümmern (jedenfalls sofern der Partner riesterberechtigt ist). Gerade im Haushalt Tätige wissen oft nicht, dass die Riester-Rente für sie überhaupt in Frage kommt, und sollten an dieser Stelle so rasch als möglich tätig werden – nicht zuletzt, weil bei vielen Eltern, die einen Haushalt führen, die private

Altersvorsorge wegen fehlender Beitragszeiten oder relativ niedrigen Lebenseinkommens oft ein erhebliches Problem darstellt. Wenn Sie diese Spar-Variante heute noch nicht nutzen, sollten Sie sich zuerst darum kümmern – also noch bevor Sie auf andere Formen der Vermögensbildung wie Aktien und Anleihen setzen.

Der entscheidende **Vorteil** eines Riester-Vertrags liegt darin, dass der Staat diese Sparform erheblich bezuschusst. Dieser Anreiz entsteht auf zwei unterschiedlichen Wegen:

- Einerseits gewährt der Staat Riester-Sparern hohe direkte **Zulagen**. Wer einen Riester-Vertrag bedient, erhält pro Kalenderjahr einen Zuschuss von bis zu 154 Euro. Der wird gezahlt, wenn man den gesetzlichen Höchstbeitrag – aktuell liegt er bei 2100 Euro im Jahr – für die Riester-Rente beiseitelegt. Für jedes Kind, für das der Sparer finanziell verantwortlich ist, gibt es noch einmal 185 Euro extra, für Kinder, die im Jahr 2008 oder später auf die Welt gekommen sind, sogar 300 Euro. Wer eine vielköpfige Familie zu versorgen hat, profitiert von den hohen Zulagen vom Staat also ganz besonders. Berufseinsteiger erhalten einen Extra-Zuschuss.

- Andererseits können sich Riester-Sparer auch steuerlich fördern lassen, anstatt die Zulagen in Anspruch zu nehmen – eine Förder-Variante, die sich insbesondere für diejenigen mit hohen Einkommen lohnt. Die Riester-Beiträge dürfen in der jährlichen Einkommensteuererklärung beim Finanzamt nämlich bis zu einem jährlichen Gesamtbetrag von 2100 Euro als **Sonderausgabe** geltend gemacht werden, verringern also die Steuerlast.

Bei beiden Zuschuss-Formen kann die individuelle prozentuale Förderung mühelos bei mehr als 30 Prozent liegen. Dies ist erheblich mehr, als mit jeder anderen gängigen Anlageform zu erzielen ist.

Welche Förderform für einen Riester-Sparer die bessere ist, hängt von den persönlichen Lebens- und Einkommensverhältnissen ab. Allerdings muss sich niemand sorgen, aus Versehen den falschen Modus zu wählen: Die Finanzämter führen bei Riester-Sparern automatisch eine sogenannte **Günstigerprüfung** durch und wenden die für den Vorsorger lukrativere Variante an. Sollte also der Steuervorteil infolge der Riester-Zahlungen für den Sparer lohnenswerter sein als der Direktzuschuss vom Staat, kommt die Differenz per Steuererklärung zurück.

Darüber hinaus haben Riester-Verträge den beträchtlichen Vorzug, eine **sichere Anlage** zu sein. Wird ein Riester-Sparer im Laufe seines Berufslebens einmal arbeitslos, wird sein Riester-Guthaben bei der Berechnung staatlicher Leistungen nach Hartz IV nicht berücksichtigt. Egal, was im Leben passiert: Der Riester-Notgroschen fürs Alter darf nicht gepfändet werden. Und sogar der nominale **Kapitalerhalt** ist bei dieser Vorsorgeform garantiert. Das bedeutet, dass selbst schlimmste Börsen- und Wirtschaftskrisenzeiten die Höhe der Riester-Ersparnisse niemals unter die Summe der eingezahlten Beiträge drücken können. Immerhin.

So weit, so gut. Doch Riester-Renten haben auch erhebliche **Nachteile**, die jeder vor Abschluss eines Vertrags überdenken und kritisch hinterfragen sollte:

• Die Riester-Rente ist – wie oben bereits erwähnt – leider so **kompliziert**, dass sie kaum ein normaler Mensch ohne eingehende Beratung verstehen kann. Dies liegt keineswegs nur an den Anbietern dieser Verträge, sondern in erster Linie an den Regierenden in Deutschland. Sie sind seit Jahrzehnten nicht in der Lage, die Rahmenbedingungen für die Altersvorsorge so zu definieren, dass sie für alle Bürger nachvollziehbar und mühelos verständlich sind. Dieses Defizit betrifft insbesondere die **Gebühren**, die mit Abschluss eines Vertrags für den Anbieter der gewählten Riester-Rente fällig werden. Die sind oftmals unverschämt intransparent und leider mitunter auch noch unverschämt hoch, vor allem bei Versicherungsgesellschaften mit Riester-Policen im Angebot.

• Ein weiterer erheblicher Nachteil der Riester-Rente ist ihr völliger **Mangel an Flexibilität**. Wer ein strikt geordnetes Leben führt, in dem keine Unregelmäßigkeiten – und schon gar keine Katastrophen wie beispielsweise ernste Krankheiten oder plötzliche Arbeitslosigkeit – passieren, kann mit Riester prima fahren. Wer in Schwierigkeiten gerät und vorzeitig abspringt, wird mit dieser Vorsorgeform indes nicht glücklich werden. Natürlich kann man einen Riester-Vertrag vor Erreichen des Rentenalters kündigen, zum Beispiel wenn ein echter, existenzieller Notfall eintritt. Dann muss man aber Zulagen beziehungsweise Steuervergünstigungen an den Staat zurückzahlen – und wer möchte dem Staat schon gerne einen ziemlich hohen Betrag auf einen Schlag überweisen, wenn er gerade einen finanziellen Engpass durchläuft? Bei anderen Anlage- und Sparformen hat man dagegen selbstverständlich jederzeit Zugriff auf sein Geld, auch in größter Not.

- Insbesondere in einem Umfeld mit relativ hoher **Inflation**, das für die kommenden Jahre nicht ausgeschlossen werden kann, könnten sich viele Riester-Verträge als wenig werthaltig erweisen. *Nominal* bleibt Kapital in diesem Szenario erhalten; *real*, also unter Berücksichtigung der Entwicklung des Preisniveaus, sinkt die Kaufkraft des gebildeten Vermögens jedoch.

- Hinzu kommt, dass man bei Erreichen des Ruhestandalters (aber frühestens mit dem 60. Geburtstag) nur bis zu 30 Prozent des angesparten Riester-Kapitals auf einen Schlag entnehmen kann. Das verbleibende Kapital wird als sogenannte **Leibrente** gezahlt, Monat für Monat, bis ans Ende des Lebens. Das mag für den einen oder anderen eine brauchbare, praktische Lösung sein. Viele andere würden ihr Erspartes jedoch viel lieber dem Partner oder den Kindern und Enkeln hinterlassen oder hätten zumindest gerne Zugriff darauf. Das **Vererben** von Riester-Kapital ist jedoch nicht ohne Tücken, weder in der Anspar- noch in der Auszahlungsphase. Das Ersparte kann unter Umständen vom Staat auf den Ehepartner übertragen werden, wenn beide geriestert haben. Auch hier steckt der Teufel jedoch im Detail: Es kommt darauf an, ob der Riester-Sparer vor oder nach Eintritt ins Rentenalter stirbt; welche Anlageform er gewählt hat (siehe unten); und welche Todesfall-Regelungen im Einzelfall mit dem Anbieter des Riester-Vertrags vereinbart wurden. In diesem Punkt sind andere Vorsorgeformen – selbst die rigide und oft im Hinblick auf die Gebühren völlig intransparente Kapital-Lebensversicherung (siehe Kapitel 10) – attraktiver.

• Zu guter Letzt: Man muss eine Riester-Rente im Altersruhestand voll **versteuern** (»nachgelagerte Besteuerung« heißt dieses Prinzip). Das mag für den einen oder anderen weniger schmerzhaft sein, als es auf den ersten Blick aussieht: Schließlich haben die meisten im Rentenalter ein niedrigeres Gesamteinkommen als während ihres Berufslebens und zahlen daher einen vergleichsweise niedrigen Steuersatz. Allerdings sollte man nicht vergessen, dass andere langfristige Anlageformen – beispielsweise der (natürlich nie garantierte) Wertzuwachs eines Eigenheims – unter bestimmten, recht leicht zu erfüllenden Voraussetzungen völlig steuerfrei sind.

Wer sich mit dem – grundsätzlich vernünftigen – Gedanken trägt, einen Riester-Vertrag abzuschließen, hat die Wahl zwischen mehreren Varianten:

• Am beliebtesten ist die **klassische Riester-Rentenversicherung**. Allerdings ist diese Favoritenrolle keineswegs gerechtfertigt. Riester-Rentenversicherungen dürften vor allem deswegen abgeschlossen werden, weil Versicherungsvertreter sie dank der für sie appetitlichen Provisionen gezielt unters Volk bringen. Die Gebühren sind in der Regel hoch. Bei Neuverträgen gibt es bei dieser Vertragsart eine garantierte Mindestverzinsung von zurzeit 1,75 Prozent im Jahr auf den Sparanteil. Sie sinkt im Januar 2015 auf 1,25 Prozent.

• Viel besser ist ein **Riester-Fondssparplan** – jedenfalls für all jene im jüngeren und mittleren Lebensalter (sagen wir unter 50). Auch bei dieser Variante ist das eingezahlte Kapital gesetzlich garantiert; man kann also nie einen geringeren Betrag herausbekommen, als man eingezahlt hat. Da die besparten Fonds allerdings an den Wertpapiermärkten investieren (etwa in Aktien und Anleihen, siehe Teil IV dieses Buches), ist die Wahrscheinlichkeit hoch, dass die jährliche Rendite höher liegt als bei allen anderen Riester-Arten. Wer bis zum Eintritt ins Rentenalter noch mindestens 15 Jahre vor sich hat, ist mit dieser Spielart der Riester-Rente in der Regel gut bedient.

• Diese beiden Riester-Formen sollte man allerdings nicht mit einer dritten, der sogenannten **fondsgebundenen Rentenversicherung** (manchmal auch »Fondspolice« genannt), verwechseln. Sie verursacht hohe Abschlusskosten und garantiert im Gegenzug nicht einmal eine Mindestverzinsung. Finger weg.

• Eine vierte und letzte Möglichkeit bietet schließlich ein **Riester-Banksparplan**. Angesichts der seit der Finanzkrise extrem niedrigen Zinsen ist diese Variante zurzeit wenig verlockend. Insbesondere für Ältere (50 plus) und für besonders Risikoscheue ist ein Banksparplan jedoch keine schlechte Sache, nicht zuletzt, weil keine Abschlussgebühr anfällt. Wer jünger als 50 ist, könnte dagegen durchaus auch etwas kühner investieren und einen Fondssparplan wählen. Schließlich ist auch bei denen das eingezahlte Kapital garantiert. Selbst in der allerschlimmsten Börsenkrise ist also kein Verlust der Beiträge möglich; in tollen Börsenzeiten profitiert der Riester-Sparer aber erheblich von einer schönen Anlagerendite.

Viele Berater zieren sich, Riester-Banksparpläne zu verkaufen: Sie verdienen mit ihnen deutlich weniger als mit anderen Riester-Verträgen. Das sollte niemanden davon abhalten, bei Interesse gezielt danach zu fragen.

Zurzeit verdienen bei der Riester-Rente zwei besondere Aspekte eine Erwähnung. 2008 ist zum einen das ursprüngliche – und ohnehin schon komplexe – Riester-Modell um den umgangssprachlich sogenannten **Wohn-Riester** erweitert worden, eine staatliche Förderung für Immobilienkäufer, oft mittels eines Bausparvertrags. Im Kern ist dies eine gute Ergänzung, denn sie macht das Riestern für den Vorsorger etwas flexibler – allerdings nochmals komplizierter. Wer ein Haus bauen oder eine Immobilie kaufen will, darf mit einem solchen Riester-Vertrag sein Eigenkapital stärken. Dies kann bei der Frage, ob man eine Hypothek mit akzeptablen Konditionen erhält, einen großen Unterschied machen und ist daher generell begrüßenswert. Auch hier gelten indes Einschränkungen. So muss die Immobilie, für die der Wohn-Riester genutzt werden soll, der Erstwohnsitz sein (also keine Ferienwohnung o. ä.) und in Deutschland liegen. Wer wohn-riestern will, sollte sich vor Abschluss eines Vertrags unbedingt ausführlich beraten lassen und die Vor- und Nachteile sorgfältig abwägen.

Zum anderen sind in den vergangenen Monaten erstmals viele Sparer infolge von Presseberichten auf die Möglichkeit

aufmerksam geworden, dass ihre Riester-Verträge grundsätzlich kündbar sind. So haben weit mehr als eine Million Sparer,
die die Variante der Riester-Rentenversicherung nutzten, ihren
Vertrag gelöst. Dies ist problemlos möglich, schließlich ist dieses Recht bei uns sogar gesetzlich verankert, um – im Prinzip
jedenfalls – mehr Wettbewerb unter den Anbietern von Riester-Renten zu gewährleisten. Der Gedanke: Verbraucher sollten von einem teuren und/oder schlechten Anbieter zu einem
besseren wechseln können und ihr angesammeltes Kapital mitnehmen dürfen.

Das klingt auf den ersten Blick prima, hat jedoch, wie so oft
in Gelddingen, einen Haken. Wer einen neuen Riester-Vertrag
unterschreibt, bezahlt eine Gebühr an den Vermittler. Das ist
grundsätzlich in Ordnung, schließlich wollen auch die Mitarbeiter von Versicherungen, Fondsgesellschaften und Banken für
ihre Arbeit bezahlt werden. Allerdings können die Gebühren
bei dieser Sparform unappetitlich hoch liegen. Sie werden – der
Kunde merkt dies nicht unbedingt, wenn er nicht danach fragt
und alles relevante Material liest – bei vielen Gesellschaften im
Laufe der ersten Jahre nach Abschluss vom Anbieter verrech-
net. Und es gibt sie pikanterweise bei Kündigung eines Vertrags
nicht zurück. Im Gegenteil: Wer beispielsweise kündigt, um zu
einem vermeintlich besseren Anbieter einer Riester-Rentenversicherung zu wechseln, darf gleich noch einmal Gebühren
zahlen. Das ist erfreulich für die Anbieter von Riester-Policen,
aber definitiv nicht für Riester-Sparer.

Ein Tipp zum Schluss: Die Riester-Rente ist, wie oben ausgeführt, nur wegen der Zulagen und Steuervergünstigungen

lukrativ. Diese Zulagen muss man jedoch **beantragen**, bei einigen Vermittlern einmal jährlich, bei anderen ein einziges Mal für alle Folgejahre. Wer das nicht tut, geht leer aus.

Kapitel 8:

Die Rürup-Rente

Viele Selbstständige und Freiberufler können nicht riestern. Für sie wurde die Rürup-Rente eingeführt, die manchmal auch **Basisrente** genannt wird. Der Wissenschaftler Bert Rürup, nach dem diese Variante der Altersvorsorge benannt ist, war bis Februar 2009 Mitglied im deutschen Sachverständigenrat der Wirtschaftsweisen und bei der Konzeption der nach ihm benannten, 2005 eingeführten Rente der entscheidende Impulsgeber.

Leider ist auch die Basisrente – ähnlich wie die im vorhergehenden Kapitel vorgestellte Riester-Rente – in ihrer Ausgestaltung für normale Verbraucher nicht mühelos zu verstehen. Auch an dieser Stelle hat die Politik ein komplexes Modell umgesetzt, das viele Vorsorger nur mit beträchtli-

chem Aufwand nachvollziehen und mit Alternativen vergleichen können.

Im Prinzip funktioniert eine Basisrente wie eine gesetzliche
Rente (Kapitel 6) – allerdings mit einem wichtigen Unterschied.
Die gesetzliche Rente ist **umlagefinanziert**: Die Jüngeren zahlen im Rahmen eines gesetzlich verankerten Gesellschafts-
vertrags mit ihren Beiträgen für die Älteren. Die Rürup-Rente
dagegen ist **kapitalgedeckt**: Jeder bildet für sich selbst Kapital,
aus dem er im Alter eine Rente bezieht.

Riester-Rente (Kapitel 7) und Rürup-Rente weisen einige
Parallelen, allerdings auch erhebliche Unterschiede auf. Sie sind
gewissermaßen Cousinen. Ähnlich wie beim Riestern können
Vorsorger auch bei der Basisrente zwischen verschiedenen **Anlageformen** wählen, die man zum Beispiel bei Versicherungen
oder Fondsgesellschaften abschließen kann. Neben der klassischen Rentenversicherung und der fondsgebundenen Rentenversicherung bieten einige Anbieter auch Fondssparpläne an.

Rürup-Verträge werden darüber hinaus auch vom Staat ge-
fördert, allerdings nicht – wie beim Riestern – über jährliche
Zulagen für den Sparer und seine Kinder, sondern allein über
steuerliche Anreize. Dabei gilt ebenfalls das Prinzip der **nachgelagerten Besteuerung**, das für Sparer einen Vorteil hat: Sie
dürfen ihre regelmäßigen Vorsorge-Beiträge vom Bruttoeinkommen abziehen, müssen sie also nicht vorher versteuern. Im
Gegenzug wird im Rentenalter dann auf die Ausschüttungen
dieser Verträge Einkommensteuer fällig – gewissermaßen nach-
träglich oder eben »nachgelagert«. Da die meisten Menschen im
Altersruhestand ein niedrigeres Einkommen haben als während

ihres Berufslebens, ist dies im Prinzip keine schlechte Sache. Die Abgaben dürften infolge der nachgelagerten Besteuerung im Regelfall recht niedrig liegen.

Die Subventionen, die der Staat Rürup-Sparern einräumt, sind erheblich. Ausgangspunkt bei der Berechnung dieses Zuschusses ist bei Unverheirateten der Grundbetrag von 20 000 Euro, bei Ehepaaren von 40 000 Euro. Für das Jahr 2014 dürfen von diesen Beträgen 78 Prozent als sogenannter **Sonderausgabenabzug** bei der Steuererklärung geltend gemacht werden – also 15 600 Euro (Singles) beziehungsweise 31 200 Euro (Paare). 2015 liegt dieser Prozentsatz bei 80 Prozent, 2016 dann bei 82 Prozent und so weiter – bis im Jahr 2025 schließlich 100 Prozent erreicht sind. Die Vorsorgeleistungen, die man im Rahmen einer staatlich geförderten Rürup-Rente erbringen darf, sind also ausgesprochen hoch. Diese Besonderheit macht eine Basisrente für alle attraktiv, die gut verdienen und bei der Einkommensteuer einem relativ hohen Satz unterliegen.

Damit ein Rürup-Sparer in den Genuss des lohnenden Sonderausgabenabzugs kommt, müssen zwei Voraussetzungen erfüllt sein. Zum einen muss es sich um eine sogenannte **Leibrente** handeln – also um eine Zahlung, die bis zum Tod des Versicherten ohne Wenn und Aber geleistet wird. Zum anderen darf die **Auszahlungsphase** nicht vor Vollendung des 62. Lebensjahres beginnen. (Bei Rürup-Verträgen, die vor dem 1. Januar 2012 unterschrieben wurden, ging das schon mit dem 60. Geburtstag.)

Bedauerlicherweise weist die Rürup-Rente jedoch ganz erhebliche **Nachteile** auf. Sie ist im Hinblick auf ihre Rahmenbedingungen sogar noch unflexibler als ein Riester-Vertrag. An gleich sechs Stellen muss ein Rürup-Vorsorger Einschränkungen in Kauf nehmen:

• Bei einer Rürup-Rente gibt es **kein Kapitalwahlrecht**. Das bedeutet, dass man sich bei Erreichen des Ruhestandalters (frühestens mit 60) keinen Teil des angesammelten Vermögens auf einen Schlag auszahlen lassen kann – noch nicht einmal einen kleinen. (Selbst bei Riester-Verträgen ist eine Abschlagzahlung von 30 Prozent möglich. Bei Kapital-Lebensversicherungen darf in der Regel das gesamte gebildete Kapital auf einmal abgerufen werden, während man beim Direkterwerb von Fonds und Wertpapieren jederzeit an sein Geld kommt, sogar lange vor dem Ruhestand, wenn man dies will.) Die Rürup-Rente wird dagegen Monat für Monat überwiesen. Das mag für den einen oder anderen irgendwie behaglich und verlässlich klingen; allerdings sollte man dabei nicht übersehen, dass man auch einen hohen, einmalig ausgeschütteten Betrag – sagen wir: aus einer Kapital-Lebensversicherung – mühelos in eine dauerhafte Rente umwandeln kann. Wer relativ bald nach Erreichen des Ruhestandalters sterben sollte, verliert – mit einzelnen Ausnahmen, siehe der folgende Punkt – sein gesamtes Rürup-Vermögen.

• Eine Rürup-Rente ist ausgesprochen schwer zu **vererben**. Der Regelfall sieht vor, dass das Guthaben eines Vorsorgers, der noch vor dem Ruhestandsalter stirbt, verfällt. An dieser Stelle kann der Einzelne etwas nachbessern und mit dem Rürup-Anbieter beispielsweise von vornherein eine Hinterbliebenenrente für den Ehepartner oder für Kinder oder auch eine Rentenga-

rantiezeit (also eine Mindestlaufzeit der Rentenzahlungen) vereinbaren. Auch damit sind bei einem frühen Tod jedoch unterm
Strich Verluste verbunden, die bei alternativen Vorsorgeformen – etwa bei Kapital-Lebensversicherung oder Eigenheim –
nicht anfallen. Zudem kann das im Rahmen einer Basisrente
gebildete Kapital nicht **verschenkt** werden, auch nicht an den
Ehepartner oder an Kinder, denen man im Alter Gutes tun will.

- Rürup-Renten sind – dies kann nun nicht mehr überraschen –
unverkäuflich. Das bedeutet, dass man sich, selbst wenn man
dies eines Tages will, nicht von seinem Rürup-Ersparten trennen und es »verflüssigen« kann. Zum Vergleich: Selbst eine Kapital-Lebensversicherung, die ebenfalls eine ganze Reihe von
strukturellen Nachteilen aufweist (Kapitel 10), kann man im
Notfall verkaufen. Dies ist, gerade bei erst kurzer Laufzeit, oft
mit hohen oder sogar horrenden Verlusten verbunden und daher nur selten empfehlenswert, aber immerhin eine Option.

- Man kann sie **nicht beleihen**. Dies kann wiederum für all
diejenigen ein Hemmnis sein, die eines Tages vielleicht eine eigene Immobilie kaufen möchten und Eigenkapital benötigen,
um von Bank oder Sparkasse eine Hypothek zu bekommen.
Die Rürup-Ersparnisse müssen an dieser Stelle außen vor bleiben. Immerhin darf die Basisrente einem in der Ansparphase
im Gegenzug auch **nicht gepfändet** werden.

- Die Ausschüttungen müssen – abhängig vom Kalenderjahr
des Rentenbeginns – **versteuert** werden. (Dieses Prinzip der

Versteuerung der Alterseinkünfte gilt im Grundsatz auch für andere Vorsorgeformen – allerdings zum Beispiel nicht für ein abbezahltes Eigenheim, das im Alter im Zuge eines Umzugs in eine kleinere Bleibe verkauft wird.) Der steuerpflichtige Anteil der Rürup-Rente steigt von Kalenderjahr zu Kalenderjahr. Wer 2015 in Rente geht, muss beispielsweise 70 Prozent der Zuflüsse versteuern. 2020 sind es bereits 80 Prozent, 2025 dann 85 Prozent und im Jahr 2030 schon 90 Prozent. Ab 2040 unterliegt das Rürup-Einkommen voll – also zu 100 Prozent – der Einkommensteuer.

• Eine Rürup-Rente ist als **Notgroschen** völlig ungeeignet. Anders gesagt: Selbst wenn man vor Erreichen des Rentenalters irgendwann einmal wirklich dringend Geld braucht – wegen eines Unglücks oder einer drohenden Firmenpleite etwa –, kommt man nicht ans Geld. Dieser Aspekt kommt meines Erachtens in der öffentlichen Diskussion der Rürup-Rente systematisch zu kurz. Jeder verantwortungsvoll agierende Freiberufler oder Selbstständige weiß, dass das vorhandene Vermögen – etwa in Gestalt eines üppigen Rürup-Guthabens – *eine* Sache ist, Liquidität aber eine ganz andere. Droht einem Selbstständigen vor Erreichen des Ruhestandalters ein Zahlungsengpass, werden ihn noch so hohe Rürup-Rücklagen nicht vor der Pleite retten können: Sie sind nicht liquidierbar. (Immerhin darf er sich, wenn es hart auf hart kommen sollte, aber beitragsfrei stellen.)

Dies ist möglicherweise der größte Haken an der Sache, wurde die Rürup-Rente doch gerade gezielt für Freiberufler und Selbstständige entwickelt, die in der Regel nicht riestern dürfen und weder die betriebliche Altersversorgung nutzen noch in eine gesetzliche Rentenkasse einzahlen. Gerade sie sind es jedoch, die im Gegensatz zu Angestellten und Beamten ein unregelmäßiges Einkommen haben und besonders abhängig von der allgemeinen Wirtschaftslage sind. Dass es – bei aller kaufmännischen Umsicht – im Laufe eines Lebens ein- oder zweimal zu finanziellen Engpässen kommen kann, ist zumindest nicht unwahrscheinlich. Wer dann sein Geld jahrelang in einen Rürup-Vertrag gesteckt hat, hat zwar in Sachen Altersvorsorge etwas Großes unternommen; er könnte jedoch – da die liquiden Mittel aus der Hand gegeben wurden – auch ziemlich groß pleitegehen.

Insbesondere vor diesem Hintergrund erscheint die Basisrente als bemerkenswert starre Vorsorge-Variante. Möglicherweise ist genau dies der Hauptgrund dafür, dass sie bislang, anders als die Riester-Sparform, unbeliebt ist und nur selten abgeschlossen wird. Für viele Freiberufler und Selbstständige sind die Alternativen offenbar attraktiver, selbst wenn die Steuervorteile dort weniger üppig sind als bei Rürup.

Ich habe den Verdacht, dass diese Vorsorge-Variante von nichtselbstständigen Beamten (sicheres Einkommen, praktisch unkündbar) für selbstständige Unternehmer (unsicheres Einkommen, abhängig von der Auftragslage) erdacht wurde – mit ernüchterndem Ergebnis. Zwar wird der Selbstständige vor sich selbst geschützt, indem er selbst in größter wirtschaftlicher Not seine Altersrückstellungen nicht liquidieren kann. Dennoch scheint dieses Vorsorge-Modell an der Lebensrealität vieler Unternehmer und Selbstständiger vorbeizugehen.

Dessen ungeachtet: Die Basisrente ist für Selbstständige vor allem aufgrund der steuerlichen Begünstigung eine überlegenswerte Option. Ob dieser Vorzug die aufgeführten strukturellen Nachteile überwiegt, muss natürlich jeder selbst unter Berücksichtigung der individuellen Lebens- und Finanzplanung entscheiden. Ich selbst, obwohl selbstständig, nutze sie bislang nicht.

Kapitel 9:

Betriebliche Altersversorgung

Riester- und Rürup-Verträge sind Ergänzungen zur gesetzlichen Rente. Sie wurden eingeführt, nachdem die Bundesregierung zum Jahreswechsel 2001/2002 die Absenkung des allgemeinen Rentenniveaus beschlossen hatte – gewissermaßen als Ausgleich dafür, dass die Versorgung im Alter künftig weniger umfangreich ausfallen würde als zuvor. Die betriebliche Altersvorsorge, die in diesem Kapitel im Mittelpunkt steht, stellt dagegen eine völlig andere Art der Absicherung dar. Aus diesem Grund nennt man sie manchmal auch die **»zweite Säule«**. (Die »dritte Säule« ist schließlich die »private« Altersvorsorge.)

Wie der Name schon sagt: Es geht um die Vermögensbildung mit Hilfe des Betriebes, in dem man beschäftigt ist – also mit Unterstützung des **Arbeitgebers**. Jeder Beschäftigte hat bei uns mittlerweile einen rechtlich verankerten **Anspruch**, diese Variante der Altersvorsorge in seinem Unternehmen nutzen zu können. Der Arbeitgeber *muss* eine solche Sparform anbieten; der Arbeitnehmer *kann* sie nutzen – oder es sein lassen.

Der entscheidende **Vorteil** der betrieblichen Altersversorgung liegt darin, dass die Sparbeiträge, die man erbringt, aus dem **Bruttogehalt** entnommen werden dürfen – ein Verfahren, das **Entgeltumwandlung** genannt wird. Das bedeutet, dass man die Einzahlungen nicht erst versteuern muss. Zudem sind **keine Sozialversicherungsbeiträge** fällig, ein Extra-Plus. Viele Unternehmen fördern ihre Beschäftigten darüber hinaus mit einem Zuschuss, der sogenannten **Arbeitgeberleistung**. Mitunter können Angestellte die betriebliche Altersversorgung auch mit den **Vermögenswirksamen Leistungen** verbinden und so doppelt profitieren. Aufgrund gesetzlich verankerter Regeln ist die betriebliche Altersversorgung sehr sicher.

Doch leider sind – den komplizierten Rahmenbedingungen von Riester-Verträgen (Kapitel 7) und Basisrenten (Kapital 8) entsprechend – auch die Details der betrieblichen Altersversorgung etwas verzwickt und gewöhnungsbedürftig. Bei dieser »zweiten Säule« der Vorsorge gibt es insgesamt fünf Varianten, die **Durchführungswege** genannt werden:

• Bei der **Direktversicherung** schließt das Unternehmen für den Beschäftigten eine Lebensversicherung ab und zahlt die Beiträge.

- Eine **Pensionskasse** ist eine rechtlich vom Unternehmen ausgelagerte Versorgungseinrichtung für die Beschäftigten, die von den Beitragszahlern Kapital entgegennimmt und später Altersrenten auszahlt.

- Relativ neu (und daher noch nicht allzu weit verbreitet) sind bei uns **Pensionsfonds**. Bei diesem Modell überweist der Arbeitgeber für seine Beschäftigten Geld an einen Fonds, der es an den Finanzmärkten investiert.

- **Unterstützungskassen** sind rechtlich ebenfalls eigenständig, also vom Unternehmen getrennt.

- Die **Direktzusage** schließlich, manchmal auch **Pensionszusage** genannt: Geht der Angestellte in den Ruhestand, erhält er direkt vom Unternehmen eine Rente. Der Arbeitgeber bildet dafür Rückstellungen.

Trotz dieser Fülle an Möglichkeiten haben Angestellte bei der betrieblichen Altersversorgung keineswegs die Qual der Wahl. Welche Durchführungswege zum Einsatz kommen, entscheiden nämlich die Arbeitgeber. Deshalb macht es Sinn, sich beim Eintritt in ein Unternehmen frühzeitig über die dort gültigen Spielregeln der Betriebsrente zu informieren, beispielsweise in der Personalabteilung. Dort erfährt man auch, ob man die betriebliche Vorsorge mit einer anderen Sparform – etwa einer Riester-Rente – kombinieren kann.

Doch lohnt sich die betriebliche Altersversorgung überhaupt, sollte man also daran teilnehmen? Hier lautet die Antwort: wahrscheinlich ja. Die »bAV« ist ein sinnvolles Element, das die gesetzliche Rente und die privaten Vorsorgeleistungen ergänzt. Die Rendite wird zwar dadurch geschmälert, dass im Alter Steuern und Krankenversicherungsbeiträge auf die Auszahlungen fällig werden. Dies relativiert sich allerdings vor dem Hintergrund, dass die Einzahlungen ja per Entgeltumwandlung aus dem Bruttoeinkommen geleistet wurden und keine Sozialabgaben darauf fällig wurden.

Unterm Strich überwiegen die Pluspunkte dieser »zweiten Säule« die Nachteile, und zwar in allen Lebenssituationen und Gehaltsklassen – für Verheiratete ebenso wie für Singles; für Auszubildende und Berufsanfänger ebenso wie für erfahrene Führungskräfte; für Beschäftigte mit relativ niedrigen Einkommen (zum Beispiel in Teilzeit) ebenso wie für Spitzenverdiener. Dabei sollte man nicht nur den Vorzug der nachgelagerten Besteuerung im Hinterkopf behalten, sondern auch den Umstand, dass man im Rahmen des Betriebssparens oft von günstigen **Gruppentarifen** profitieren kann. Anders gesagt: Wer individuell einen Rentenvertrag nachbauen würde, der ihm über seinen Arbeitgeber angeboten wird, würde mit großer Wahrscheinlichkeit bei gleicher Leistung deutlich höhere Beiträge zahlen müssen.

Erfahrungsgemäß stellen sich bei der betrieblichen Altersversorgung immer wieder die folgenden drei Fragen:

• *Was ist, wenn ich an der betrieblichen Altersversorgung teilnehme und in ein paar Jahren meinen Arbeitgeber wechsle?*

Das kann in der Tat ein Problem sein. Allerdings hat sich die

Gesetzgebung in diesem Punkt zuletzt deutlich verbessert, so dass Beschäftigte gelassener sein können. Ein Angestellter darf einen Vertrag beim Wechsel des Arbeitgebers in Eigenverantwortung **fortführen** oder oft – unter Einhaltung bestimmter Regeln – zu seinem neuen Arbeitgeber **mitnehmen**. Ein großer Konzern, der für viele tausend Beschäftigte die betriebliche Altersversorgung managt, dürfte damit viel seltener ein Problem haben als ein Kleinunternehmer mit wenigen Angestellten und übersichtlichen Finanzmitteln. Tipp: Für Probleme an dieser Stelle ist unter anderem die Deutsche Gesellschaft für betriebliche Altersversorgung zuständig (www.dgbav.de). Darüber hinaus kann man sich bei der Arbeitsgemeinschaft für betriebliche Altersversorgung informieren (www.aba-online.de).

- *Wie sicher ist das im Rahmen der betrieblichen Altersversorgung Gesparte – und was passiert, wenn mein Unternehmen irgendwann insolvent gehen sollte?*

An dieser Stelle sollte man sich keine allzu großen Sorgen machen. Bei der betrieblichen Altersversorgung besteht ein sogenanntes **unwiderrufliches Bezugsrecht**. Das bedeutet, dass die Betriebsrente bei einer Pleite der Insolvenzmasse entzogen wird – also weiterhin dem Vorsorger zusteht, nicht den Gläubigern. Darüber hinaus gibt es Extra-Schutzschilde, etwa den Pensionssicherungsverein (www.psvag.de) und den Sicherungsfonds Protektor (www.protektor-ag.de).

- *Was ist, wenn ich in einigen Jahren arbeitslos werden sollte?*

Dann bestehen die Ansprüche aus der betrieblichen Altersversorgung fort – schließlich soll die Rente vom Chef den Lebensunterhalt nach dem Eintritt in den Altersruhestand sichern, nicht nach einem Jobverlust. Sollte die Arbeitslosigkeit länger dauern und ein Hartz-IV-Antrag vor einem liegen, kann man in Sachen Betriebsrente ebenfalls entspannt sein: Die Versorgungsansprüche aus der betrieblichen Altersversorgung werden nicht zum persönlichen Vermögen gezählt, ebenso wenig wie Riester- und Rürup-Guthaben.

Grundsätzlich sollte man sich, bevor betrieblich gespart wird, gut über die Besonderheiten der gewählten Variante informieren und diese drei Punkte klären. Darüber hinaus wichtig: Wie – und mit welchem Chance-Risiko-Profil – wird das eingezahlte Geld investiert? Wie hoch ist die realistischerweise zu erwartende Rendite? Und welche Kosten und Gebühren fallen bei der jeweiligen Anlageform an?

Kapitel 10:

Die Kapital-Lebensversicherung

Die Kapital-Lebensversicherung ist neben Sparbuch, Bausparvertrag und dem relativen Newcomer Riester-Rente eine der wichtigsten Spar- und Vorsorgeformen in Deutschland. Zurzeit haben die Versicherungsgesellschaften bei uns mehr als 90 Millionen Verträge in den Büchern. Damit hat rein rechnerisch jeder der rund 81 Millionen Deutschen mehr als eine Police am Laufen. Da Kinder und ältere Menschen in der Regel ohne Kapital-Lebensversicherung auskommen, dürfte die Gruppe der 20- bis 60-jährigen (also der größte Teil der Berufstätigen) im Schnitt auf annähernd zwei Verträge pro Kopf kommen.

Es gibt zwei Arten von Lebensversicherungen, die in ihrer Ausgestaltung sehr unterschiedlich sind und die man daher nie verwechseln sollte. Eine Risiko-Lebensversicherung ist für den

Fall da, dass der Versicherungsnehmer stirbt. Ist er derjenige in einer Beziehung oder Familie, der den Lebensunterhalt – oder einen erheblichen Teil davon – verdient, ist dies nicht nur eine emotionale, sondern zudem eine finanzielle Katastrophe. Eine Risiko-Lebensversicherung deckt dieses existenzielle Risiko ab und zahlt einen bestimmten, bei Vertragsabschluss festgelegten Betrag (oder auch eine Rente) im Fall der Fälle. Diese Versicherung ist daher für jeden, der auf absehbare Zeit Angehörige zu versorgen hat, unabdingbar. Sie kostet erfreulicherweise nicht viel Geld: Schon für einen Betrag ab etwa zehn Euro im Monat kann man eine brauchbare Absicherung in die Wege leiten.

So wichtig dies ist: Eine Risiko-Police hat – nicht allen ist dies klar – nichts mit der Altersvorsorge zu tun. Es wird nichts gespart, kein Vermögen gebildet, und wird die Versicherung (erfreulicherweise natürlich, da niemand zu Schaden kommt) nie in Anspruch genommen, gibt es kein Geld von der Gesellschaft zurück.

Eine **Kapital-Lebensversicherung** ist eine völlig andere Sache. Sie umfasst zwei Komponenten: zum einen den Risikoschutz, zum anderen einen Sparvertrag. Stirbt der Versicherungsnehmer während der Laufzeit der Police, überweist die Gesellschaft also ebenfalls einen zuvor vereinbarten Betrag, der die Versorgung der Hinterbliebenen sicherstellt oder zumindest erheblich erleichtert. Allerdings fließt bei der Kapital-Lebensversicherung auch dann viel Geld, wenn der Versicherungsnehmer eben nicht stirbt: Bei Erreichen eines vertraglich festgelegten Alters – oft ist es der 65. oder 67. Geburtstag – schüttet die Versicherungsgesellschaft nach einem bestimmten Schlüssel das angesammelte, im Laufe der Jahre gemehrte Kapital aus. Wer einige Jahrzehnte lang regelmäßig hohe Beiträge eingezahlt hat, kann dann mit Eintritt in den Ruhestand auf einen Schlag eine fünf- oder sechsstellige Summe erhalten – ein sehr appetitliches Finanzpolster.

So weit das Prinzip. Doch wie bei vielen Vorsorgeformen in Deutschland steckt auch bei der Kapital-Lebensversicherung der Teufel im Detail. Sie funktioniert nach bestimmten buchhalterischen Regeln, die man sich vor Abschluss eines solchen Vertrags vor Augen führen sollte. Der Versicherte verpflichtet sich im Zuge dieser Vereinbarung, monatlich – manchmal auch quartalsweise oder jährlich – einen bestimmten Betrag an die Versicherungsgesellschaft zu zahlen. Dies können 20 Euro im Monat sein, aber auch, wenn man als leitender Angestellter oder Unternehmer ein außerordentlich hohes Einkommen hat, 2000 Euro. Von diesem Beitrag zweigt die Gesellschaft einen (recht kleinen) Anteil für den **Risikoschutz** ab; dieses Geld ist damit für den Versicherungsnehmer weg. Als Nächstes führt die Gesellschaft die **Provision** an den Vermittler ab; auch dieses Geld sieht der Versicherte nicht wieder. Den Rest des eingezahlten Betrags poolt die Versicherung mit den Zahlungen anderer Kunden und investiert ihn nach allen Regeln der Kunst an den internationalen Finanzmärkten. Lediglich dieser Rest ist also der **Sparanteil** des regelmäßig fälligen Beitrags.

Die Auflagen, die die Versicherungsgesellschaft bei der Geldanlage beachten muss, sind gesetzlich festgelegt und ziemlich strikt. Der größte Teil fließt in festverzinsliche Wertpapiere, die auch **Anleihen** oder Rentenpapiere genannt werden

(Kapitel 14). Diese Schuldverschreibungen sind relativ sicher, zugleich aber meist nicht allzu renditeträchtig. Ein kleinerer Anteil fließt in **Aktien** (riskanter, allerdings auch chancenreicher; Kapitel 13), ein weiterer in **Immobilien** (solide).

Darüber hinaus hat sich in Deutschland eine andere Variante dieser Vorsorgeform durchgesetzt, die sogenannte **fondsgebundene Lebensversicherung**. Bei diesem Modell wird der Sparanteil des Versicherten in Investmentfonds gesteckt (Kapitel 15), beispielsweise in Aktien- oder Mischfonds. Das Anlagerisiko ist hier höher, da es meist keine garantierte Auszahlungssumme gibt. Allerdings stehen die Chancen gut, langfristig eine höhere Rendite zu erzielen. Und der Versicherte hat bei der Auswahl der verwendeten Fonds das letzte Wort: Er kann sich also für einen sportlichen (und riskanteren) Fonds entscheiden – oder auch für einen konservativen (und eventuell renditeärmeren). Auch ein Wechsel von einem Fonds in den nächsten ist möglich. Das macht beispielsweise in den letzten Jahren der Laufzeit Sinn: Da die meisten Menschen kurz vor ihrem Ruhestand ihr Erspartes in trockenen Tüchern wissen wollen, ist es ein richtiger Gedanke, nach und nach in sicherere, aber eben weniger renditeorientierte Investmentfonds umzuschichten.

Doch zurück zur »klassischen« – also nicht fondsgebundenen – Kapital-Lebensversicherung. Bei der garantieren die Versicherungsgesellschaften ihren Kunden für den Sparanteil (Einzahlungen minus Kosten und Todesfallschutz) eine Mindestverzinsung, den sogenannten **Garantiezins**. Bei Kapital-Lebensversicherungen, die heute abgeschlossen werden, beträgt diese Mindestverzinsung nur noch 1,75 Prozent im Jahr, und sie sinkt am 1. Januar 2015 auf 1,25 Prozent. Bei vielen älteren Verträgen sind es dagegen noch vier Prozent und mehr. (Die unterschiedliche Höhe des Garantiezinses erklärt sich dadurch, dass dieser Eckwert vom Bundesfinanzministerium festgelegt wird und in der Vergangenheit mehrmals verändert wurde.) Der Garantiezins wird indes bei Abschluss eines Vertrages für die gesamte Laufzeit – also mitunter für drei Jahrzehnte – fixiert. Das bedeutet: Wer einmal eine Kapital-Lebensversicherung mit einer Mindestverzinsung von 1,75 Prozent auf den Sparanteil unterzeichnet hat, kann in den folgenden Jahren nie weniger bekommen. Auch dann nicht, wenn das Ministerium den Garantiezins in Zukunft noch einmal absenken sollte.

Der Garantiezins ist jedoch längst nicht alles. Genauso wichtig ist die sogenannte **Überschussbeteiligung**, die dem Versicherten gutgeschrieben wird. Sie korreliert mit dem Anlageerfolg der Versicherungsgesellschaft: Hat sie das Geld ihrer Kunden an den Finanzmärkten besonders klug gemehrt, fällt sie hoch aus – und umgekehrt. In den vergangenen Jahren, die von extrem niedrigen Marktzinsen geprägt waren, war dies nicht der Fall. Die meisten Versicherungsgesellschaften haben die Überschussbeteiligungen deutlich gesenkt. Last but not least werden diejenigen, die eine Kapital-Lebensversicherung haben, an den **Bewertungsreserven** der Gesellschaft beteiligt. Sie sind gewissermaßen ein verstecktes Finanzpolster der Versicherungen – und auch sie müssen, so ein im Jahr 2008 in Kraft getretenes Gesetz, den Kunden angerechnet werden.

Aus diesen drei Komponenten – Garantiezins, Überschussbeteiligung und Bewertungsreserve – setzt sich die **Gesamt-**

verzinsung einer Kapital-Lebensversicherung zusammen. Sie ist für normale Verbraucher extrem kompliziert zu berechnen, nicht zuletzt, weil sie sich, wie oben ausgeführt, lediglich auf den Sparanteil des Versicherungsbeitrags bezieht. (Also nicht auf jene Teile, die für den Risikoschutz und die Gebühren abgeführt werden.) Aktuell liegt sie im Schnitt, je nach Anbieter, etwa zwischen drei und vier Prozent im Jahr – wobei Altverträge, die zu besseren Konditionen abgeschlossen wurden, deutlich höher rentieren als jene Verträge, die erst seit wenigen Jahren laufen.

Solche Renditen liegen im langjährigen Vergleich unter denen, die beispielsweise mit Aktienfonds oder Indexzertifikaten zu erzielen sind, andererseits allerdings vor Sparbuch und vielen Tagesgeld- oder Geldmarktanlagen. Vergessen sollte man dabei nicht, dass das eigene Geld bei der klassischen Kapital-Lebensversicherung viel sicherer angelegt ist als in den meisten Wertpapieren und keine drastischen Kursausschläge aufweist, weder nach oben noch nach unten. Die meisten Menschen können bei dieser Vorsorge-Variante also sorgloser und besser schlafen.

Diese **Sicherheit** der Ersparnisse ist in der Tat einer der großen **Vorteile** der Kapital-Lebensversicherung, vielleicht sogar – dies hängt natürlich von der Risikolust des Einzelnen ab – der größte. Im verheerenden Börsenjahr 2008, das vielen Aktionären und Fondsanlegern Verluste von 50 Prozent und mehr bescherte, hat sich dieser Vorzug beispielhaft gezeigt. Lebensversicherungen dürfen das Geld ihrer Kunden nur zu einem gesetzlich festgelegten Teil – höchstens 35 Prozent – in Aktien investieren, die generell deutlich riskanter sind als andere

Anlageformen. Vergessen sollte man dabei aber nicht, dass die starke Schwankungsanfälligkeit von Aktien mit einer langfristig sehr attraktiven Rendite einhergeht. Anders gesagt: Boomt die Börse – und auch das wird in Zukunft in vielen Jahren der Fall sein –, mehrt sich das im Rahmen einer Kapital-Lebensversicherung investierte Ersparte dennoch nur relativ mäßig. Allerdings nutzen die meisten Lebensversicherungen den Aktien-Spielraum, der ihnen vom Gesetzgeber eingeräumt wird, nicht annähernd aus. Vom Börsenboom in den vergangenen fünf Jahren haben sie kaum profitiert.

Hinzu kommt, dass die Versicherungen eine Art Rettungsnetz für den Fall aufgespannt haben, dass ein einzelner Anbieter von Lebensversicherungen irgendwann einmal in finanzielle Schwierigkeiten geraten sollte. Dann kommt die Auffanggesellschaft **Protektor** ins Spiel und sorgt mit ihren Reserven dafür, dass das Geld der Versicherten nicht in Gefahr ist. Im Großen und Ganzen ist es um die Sicherheit von Kapital-Lebensversicherungen also gut bestellt, und man sollte sich keine Sorgen um die eigenen, dort gebundenen Vermögenswerte machen.

Darüber hinaus weist die Kapital-Lebensversicherung noch andere Eigenschaften auf, die sie für viele Menschen interessant und empfehlenswert machen:

- **Bequemlichkeit**. Wer einmal eine Kapital-Lebensversicherung vereinbart hat, hat einen wichtigen – und oft großen – Baustein seiner privaten Altersvorsorge geregelt. Von nun an muss er natürlich regelmäßig die vereinbarten Beiträge abbuchen lassen, sich allerdings nicht weiter kümmern.

• **Berechenbarkeit**. Von Anfang an hat man eine relativ gute Vorstellung davon, was am Ende der Vertragslaufzeit einmal herauskommen könnte – die Betonung liegt auf »relativ«. Schließlich ist der Wert des im Rahmen der Versicherung Ersparten weniger schwankungsanfällig als bei vielen anderen Anlageformen, beispielsweise Aktienfonds.

• **Beleihbarkeit**. Man kann eine Kapital-Lebensversicherung als Sicherheit einsetzen, wenn man eines Tages einen Kredit bei einer Bank oder Sparkasse aufnehmen will, um zum Beispiel ein Haus oder eine Eigentumswohnung zu kaufen. Das macht die Finanzierung für die Bank sicherer und sorgt in der Regel – abhängig vom Volumen der Versicherung – für günstigere Konditionen, also niedrigere Zinsen. Dies ist eine Eigenschaft, die andere Vorsorgeformen (beispielsweise Basisrenten) nicht aufweisen.

• Die **Absicherung der Familie**. Stirbt der Versicherungsnehmer während der Laufzeit der Police, erhalten die Angehörigen eine vertraglich vereinbarte (und meist hohe) Zahlung – und sind zu allem Übel nicht noch mit einer Finanzkrise konfrontiert.

In der Summe spricht also durchaus einiges für den Abschluss einer Kapital-Lebensversicherung. Allerdings sollte man sich stets vor Augen halten, dass sie auch mehrere erhebliche **Nachteile** hat:

- Der wichtigste Aspekt sind an dieser Stelle die **hohen, intransparenten Gebühren**. Grundsätzlich ist nichts dagegen zu sagen, dass der Vermittler einer Kapital-Lebensversicherung eine Vergütung erhält. Das Problem liegt in der Höhe und in der besonderen Art und Weise, in der bei Kapital-Lebensversicherungen die Provision abgerechnet wird. Sie heißt nach August Zillmer, einem deutschen Versicherungsmathematiker, der im 19. Jahrhundert lebte, Zillmerung. Dieses Berechungsverfahren ist für Versicherungen ausgesprochen interessant, für die Versicherten dagegen kostspielig und undurchschaubar. Im Kern funktioniert das Prinzip der Zillmerung so: Von den monatlich eingehenden Beiträgen für die Versicherung werden zuerst einmal die anfallenden Gebühren bezahlt. Dies bedeutet, dass der Kunde erst nach einem langen Zeitraum – in der Regel mehreren Jahren – überhaupt ein Guthaben bildet, obwohl er schon viele tausend Euro eingezahlt hat. Aus diesem Grund sollte man Vermittler vor Abschluss einer Lebensversicherung um eine klare Ansage bitten: Wie hoch ist die Provision, und wie wird sie berechnet? (Der Vermittler ist zu einer wahrhaftigen Auskunft verpflichtet. Druckst er herum, sollte man an dieser Stelle das Gespräch beenden und zu einem anderen gehen.)

- Die **mangelnde Flexibilität**. Eine Kapital-Lebensversicherung hat eine lange Laufzeit, manchmal von mehr als dreißig Jahren. In dieser Zeit müssen Beiträge bezahlt werden. Verläuft das Leben jahrzehntelang in finanziell geordneten Bahnen – mit regelmäßigem Einkommen und keinen Katastrophen wie Krankheit, Scheidung oder Arbeitslosigkeit –, ist das kein Nachteil. So harmonisch geht es bei vielen Menschen jedoch nicht zu, oder jedenfalls nicht ein ganzes Berufsleben lang. Dann stellt sich die Frage, wie man eine einmal abgeschlossene Kapital-Lebensversicherung wieder los wird. Und das kann – Details hierzu folgen unten – mühelos in einem finanziellen Fiasko enden. Man sollte sich bei Abschluss einer solchen Police also im Klaren darüber sein, dass man viel Geduld, Disziplin und Durchhaltevermögen brauchen wird.

• Kapital-Lebensversicherungen investieren die Ersparnisse vor allem in Anleihen und sind deshalb bei hoher **Inflation** besonders riskant. Nominal behalten Anleihen und Zinszahlungen in diesem Szenario zwar ihren Wert, real dagegen – also unter Berücksichtigung der Inflation – nicht.

• Die **Steuern**. Kapital-Lebensversicherungen, die im Januar 2005 oder später abgeschlossen wurden, unterliegen in der Regel der Steuer. Die vorher unterschriebenen sind – sofern einige Eckpunkte erfüllt werden – für alle Zeiten steuerfrei.

• Wer in seinem Leben schon einmal ernsthaft **krank** war, wird es schwer haben, eine Versicherungsgesellschaft zu einem Abschluss zu bewegen. Eine ganz schlechte Idee wäre es allerdings, bekannte Krankheiten und Unfälle – selbst wenn sie viele Jahre zurücklegen – auf den Antragsformularen zu verschweigen: Das macht in der Regel den Vertrag von vornherein zunichte.

Das Gesamtbild ist bei der Kapital-Lebensversicherung also gemischt: Es gibt einige starke Argumente für den Abschluss dieser beliebten Anlageform, aber auch einige dagegen. Wer zurzeit erwägt, für sich – oder eventuell ein Kind, Enkel- oder Patenkind – einen Vertrag abzuschließen, sollte sich jedoch eines klarmachen: Erschreckend wenige Policen werden bis zum Ende der vereinbarten Laufzeit bedient. Grundsätzlich ist es nämlich möglich, Kapital-Lebensversicherungen zu **kündigen**. Diesen Wunsch verspüren Versicherte im Allgemeinen, wenn sie im Laufe des Lebens eine finanzielle Krise durchlaufen, sie beispielsweise plötzlich arbeitslos werden, sich scheiden lassen oder aus irgendwelchen Gründen hohe Schulden aufgelaufen sind. Manch einer will sich auch einfach einen größeren Wunsch erfüllen und greift dafür auf sein Guthaben bei der Lebensversicherung zurück.

Dass dies kein Einzelfall ist, sondern vielmehr die Regel, belegt die Statistik. Drei Viertel aller Policen mit einer Laufzeit von 30 Jahren werden von den Versicherten vor dem regulären Vertragsende gekündigt, um an Geld zu kommen. Der Vergleichswert der Verträge mit einem Zeithorizont von 20 Jahren liegt bei etwa der Hälfte, der bei zwölfjährigen immerhin noch bei einem Drittel. An dieser Stelle quietscht manche Versicherungsgesellschaft vor Glück.

Viele Versicherte haben dagegen keine Vorstellung davon, was für ein Minusgeschäft sie bei Kündigung einer Police machen. Zugleich deuten die außerordentlich hohen Kündigungsquoten darauf hin, dass die extreme Unflexibilität der Kapital-Lebensversicherung nicht wirklich kompatibel mit dem Leben der meisten Menschen ist – ein Indiz dafür, dass man diese Anlageform vor einer Vertragsunterzeichnung wirklich kritisch hinterfragen sollte.

Es lohnt selten, eine Kapital-Lebensversicherung zu kündigen – erst recht nicht in den ersten Jahren nach Abschluss des Vertrags. Dies liegt daran, dass der Versicherte bei einer Kündigung nur den sogenannten **Rückkaufswert**, den man jederzeit bei der Versicherungsgesellschaft erfragen kann, erhält. Aufgrund der Gebührenverrechnung (der oben erwähnten Zillmerung) liegt dieser Wert jedoch oft einige Jahre lang bei null, selbst wenn man bereits hohe Beiträge gezahlt hat. Sogar wenn man einen Vertrag erst nach zehn Jahren kündigt, ist die Wahrscheinlichkeit sehr hoch, ein Verlustgeschäft gemacht zu haben, bei dem gilt: Außer Spesen nichts gewesen. Lediglich in wirklich existenziellen Krisen sollte man darüber nachdenken, eine Police zu kündigen.

Dies gilt umso mehr, als es Alternativen gibt. So kann man – auch wenn dies auf den ersten Blick für viele Menschen merkwürdig klingt – seine Kapital-Lebensversicherung **verkaufen**. Mehrere Firmen haben sich auf dieses Segment, also den Ankauf von Policen, spezialisiert. Wobei auch hier gilt, dass man, will man die eigene Kapital-Lebensversicherung verkaufen, in jedem Fall mehrere Angebote einholen und kritisch vergleichen sollte.

Der Vorteil eines Verkaufs liegt für Versicherte darin, dass sie in der Regel mehr Geld erhalten als bei einer Kündigung. Aufkäufer von Policen zahlen meist zwischen zwei und zehn Prozent mehr, als die Versicherungsgesellschaft über den Rückkaufswert lockermachen würde. Hinzu kommt, dass bei einem Verkauf – anders als bei einer Kündigung – der Todesfallschutz üblicherweise weiterbesteht, da der Aufkäufer die Zahlung der künftigen Beiträge übernimmt. Allerdings sind nicht alle Lebensversicherungspolicen für die Aufkäufer von Interesse. Meist ist ein Mindestrückkaufswert von 10 000 Euro erforderlich; auf so eine Summe kommt man normalerweise erst nach mehreren Jahren.

Eine weitere Möglichkeit im Krisenfall: Man kann sich bei der Versicherungsgesellschaft **beitragsfrei** stellen lassen oder eine **Beitragsstundung** verabreden. Auch die Möglichkeit, bei einer Bank oder Sparkasse ein **Darlehen** aufzunehmen, bei dem die Lebensversicherung als Sicherheit eingesetzt wird, sollte man in Erwägung ziehen.

Insgesamt ist die Kapital-Lebensversicherung für viele ein sinnvoller und wichtiger Basis-Baustein beim Großprojekt Altersvorsorge – vor allem für jene, deren Vertrag vor vielen Jahren zu Konditionen abgeschlossen wurde, die heute nicht mehr realisierbar sind. Angesichts der zurzeit sehr niedrigen Renditen dieser Anlageform drängt sich der Abschluss einer neuen Police aktuell nicht auf. Als Baustein des Vermögensaufbaus sollten es allenfalls diejenigen in Erwägung ziehen, die mit größerer Wahrscheinlichkeit ein Leben in finanziell relativ sicheren, planbaren Verhältnissen vor sich haben – sagen wir: Beamte, Angestellte im Öffentlichen Dienst und so weiter. Sie sollten sich aber jederzeit über die Nachteile im Klaren sein, insbesondere die langfristige Verpflichtung, Beiträge zu zahlen, und die Verluste, die bei einer vorzeitigen Auflösung entstehen können.

Eine meines Erachtens sinnvolle Alternative zur Kapital-Lebensversicherung: Schließen Sie eine niedrigpreisige Risiko-Police zur Absicherung der Familie ab und kombinieren Sie diese mit einem separat eingerichteten Sparprojekt, zum Beispiel einem langfristigen Fonds-Sparplan. Der große Vorteil dabei: In einem finanziellen Notfall kommen Sie jederzeit kurzfristig an Ihr Geld.

Kapitel 11:

Immobilien & Bausparen

Lohnt es sich, eine Immobilie für eine Selbstnutzung zu kaufen, also ein Eigenheim? Dies ist eine der wichtigsten Finanzfragen, denen sich die meisten von uns im Laufe des Lebens irgendwann einmal gegenübersehen. Eine eindeutige Antwort ist an dieser Stelle nicht möglich; einen goldenen Weg, der für alle richtig wäre, gibt es nicht. Es kommt, wie stets in Gelddingen, auf die individuellen Verhältnisse und Vorlieben an.

Die Bundesbürger fallen an dieser Stelle in zwei Lager. Die einen halten die sprichwörtlichen eigenen vier Wände für eines der tollsten, erstrebenswertesten Ziele im Leben. Die anderen sehen den Kauf eines Eigenheims mit nicht weniger Überzeugung als Schnapsidee. Ich selbst, das räume ich sogleich ein, gehöre zur ersten Gruppe und halte den Erwerb eines Eigenheims – egal ob es sich um eine Wohnung oder ein Haus handelt – für eine ausgesprochen gute Sache und einen klugen Schritt. Aus meiner Sicht spricht eine Fülle von Argumenten dafür.

Die Vorteile

• Wer ein Leben lang zur **Miete** lebt, verschenkt ein Vermögen: Er überweist dem Vermieter Monat für Monat einen hohen Betrag, der zu allem Überfluss bei den meisten von Jahr zu Jahr steigt. Wer beim Kauf eines Eigenheims eine Hypothek aufnimmt und diese im Laufe der Zeit tilgt, muss insbesondere in den ersten Jahren nach der Vertragsunterzeichnung zwar meist ziemlich hohe Raten an Bank oder Sparkasse zahlen – und auch der Zinsanteil dieses Geldes ist weg. Aber mit der Zeit sinkt der Anteil der Darlehensrate, der auf die Zinsen entfällt, und im Gegenzug steigt die Tilgung. Dieser Tilgungsanteil bleibt dem Immobilienbesitzer erhalten und lässt sein Vermögen langsam, aber sicher wachsen – und dies umso schneller, je mehr getilgt wird. Anders gesagt: Sowohl Mieter als auch Immobilienbesitzer zahlen im Laufe des Lebens eine Immobilie ab, die einen ihr Eigenheim, die anderen die Immobilie des Vermieters, die sie bewohnen.

Hinzu kommt, dass die Miete in der Regel den größten Posten beim Lebensunterhalt ausmacht, während des Berufslebens genauso wie im Alter. Wer im Ruhestand das Glück hat, in einer abbezahlten Immobilie zu wohnen, spart Monat für Monat viel

Geld. Dies gilt umso mehr, als die Miete aus dem Nettoeinkommen bezahlt wird. Eigenheimbesitzer fühlen sich in der Regel nicht nur reicher; sie sind es meist auch. Und die nachfolgenden Generationen, die eine Immobilie als Beschenkte oder Erben relativ steuergünstig übernehmen können, profitieren ebenfalls – im Prinzip, sofern die Immobilie erhalten bleibt, bis in alle Ewigkeit.

- Immobilien sind im Großen und Ganzen eine **sichere Kapitalanlage**. Zugegeben: Sie können empfindlich an Wert einbüßen. Der Preisverfall in einigen Teilen Ostdeutschlands in den Jahren nach der Wiedervereinigung verdeutlicht dies: Zehntausende Anleger verloren viel Geld, die zu früh auf »blühende Landschaften« in den damals neuen Bundesländern setzten und absurd hohe Preise für spekulative Immobilieninvestments zahlten. Auch das Platzen der Immobilienblase, die sich seit etwa Mitte der 1990er-Jahre in vielen Ländern der Erde aufblähte – von Großbritannien über Spanien und Frankreich bis nach Nordamerika, Südafrika, Indien, China und Australien –, hat gezeigt, dass man mit Immobilien in kurzer Zeit hohe Wertverluste verzeichnen kann.

Allerdings verhalten sich die Preise für Privatimmobilien in Deutschland seit etwa zwanzig Jahren – also seit der Wiedervereinigung und dem darauffolgenden Boom der Ostimmobilien – im internationalen Vergleich atypisch. In der Bundesrepublik dümpelten die Preise im Schnitt, während sie sich in anderen Ländern bis zum Beginn der Finanzkrise im Jahr 2007 verdoppelten und verdreifachten. Genau andersherum verhält es sich seit der Krise, die bis heute zu einem historisch niedrigen Zinsniveau geführt hat: Die Preise in Deutschland steigen, während sie in vielen anderen Ländern – zum Beispiel im südlichen Europa – stagnieren oder weiter fallen.

Sicher ist: Wer ein Eigenheim in Deutschland besitzt, bringt damit eine gewisse Erdung in sein Vermögen. Er kann davon ausgehen, dass der Wert dieser Immobilie langfristig steigen wird, während es unwahrscheinlich ist, dass er in kurzer Zeit drastisch einbricht. Kursstürze, wie sie bei Aktien und anderen Wertpapieren binnen weniger Wochen oder gar Tage passieren können, sind bei deutschen Immobilien in dieser Größenordnung undenkbar. Das lässt Besitzer eines Eigenheims ruhig schlafen. Wenn alle Stricke reißen und vermeintlich sichere Anlageformen plötzlich im Wert fallen, hat eine Immobilie einen bleibenden Vorteil: Man kann sie bewohnen, und die monatliche Mietersparnis wirft darüber hinaus eine »Verzinsung« auf das eingesetzte Kapitel ab.

• Immobilien sind ein relativ guter **Schutz gegen Inflation**. Vor dem Hintergrund, dass mehrere Regierungen – etwa in den USA und in Großbritannien, aber auch in Deutschland – die Staatsschulden zuletzt drastisch ausgeweitet haben, rechnen viele Wissenschaftler mit steigender Inflation in den kommenden Jahren und Jahrzehnten. Nur auf diesem Wege, so das Kernargument, könnten die Länder ihrer Schulden jemals wieder Herr werden: Zieht nämlich die Inflation an, sinkt die reale Schuldenbelastung von Staaten, Unternehmen und Haushalten. Wer in so einem Umfeld eine Immobilie besitzt, wird die schmerzhaften Folgen steigender Preise besser verkraften als ein Mieter.

• Auch bei der **Steuer** bietet eine selbstgenutzte Immobilie einen großen Vorteil. Wer zwischen Anschaffung und Verkauf ununterbrochen (für mindestens zwei Jahre) in seinen eigenen vier Wänden gewohnt hat, muss bei einem Verkauf auf einen möglichen Wertzuwachs keine Steuern zahlen – also auch nicht die Abgeltungssteuer, die seit 2009 bei vielen anderen Kapitalanlagen anfällt. Wer also sein Eigenheim im Laufe des Berufslebens nach und nach abbezahlt hat und es dann im Alter verkauft, kann bei einer realisierten Wertsteigerung den Zugewinn steuerfrei vereinnahmen.

Dies ist ein gewaltiger Vorteil, wie ein Beispiel verdeutlicht: Angenommen, man hat im Jahr 2010 für 200 000 Euro eine Wohnung gekauft und verkauft diese 2040 für 300 000 Euro. Der Wertzuwachs von 100 000 Euro ist dann, sofern man die Wohnung selbst genutzt hat, für das Finanzamt irrelevant. Wer stattdessen Aktien oder Investmentfonds kaufte und einen Wertzuwachs in gleicher Höhe erzielt, muss dagegen Abgeltungssteuer zuzüglich Kirchensteuer bezahlen – und, falls es ihn 2040 noch geben sollte, den sogenannten Solidaritätszuschlag. In der Summe schöpft der Staat mehr als 25 000 Euro ab.

• Man kann eine selbstgenutzte Immobilie an den Ehepartner oder an einen engen Angehörigen **vererben**. Der Steuerfreibetrag ist an dieser Stelle so hoch, dass selten Erbschaftssteuer fällig wird. Auch das **Verschenken** eines Eigenheims ist problemlos möglich, ohne vom Fiskus sofort zur Kasse gebeten zu werden.

• Das vielleicht wichtigste Argument für den Kauf eines Eigenheims ist jedoch ein anderes: Es lebt sich ganz einfach **angenehmer** und **ungezwungener**. Was das heißt, dürfte jeder wissen, der schon einmal Probleme mit seinem Vermieter hatte – wegen jährlicher Mieterhöhungen, nicht ausgeführter Reparaturen, chronisch fehlerhafter Nebenkostenabrechnungen oder einfach unglücklicher zwischenmenschlicher Chemie.

Sechs Punkte, die in der Summe meines Erachtens ein eindrucksvolles Votum für eine eigene Immobilie abgeben. Doch es wäre leichtsinnig und falsch, so zu tun, als würde der Kauf eines Eigenheims nicht auch eine ganze Reihe von Nachteilen mit sich bringen.

Die Nachteile

• Wer aus beruflichen Gründen regelmäßig **umziehen** will oder muss, wird sich möglicherweise nicht mit einer Immobilie belasten und binden wollen. Allerdings sollte man an dieser Stelle auch nicht übervorsichtig oder paranoid sein: Wechselt man den Wohnort, kann man Haus oder Wohnung jederzeit vermieten (oder natürlich verkaufen). Gerade in Großstädten und Ballungsräumen ist das in der Regel kein Problem, und eine auf diesem Weg eingenommene Miete kann fortan für Zins und

Tilgung einer Hypothek genutzt werden. Allerdings hat natürlich nicht jeder Lust und Nerven, die umfangreichen Pflichten und Verantwortlichkeiten zu übernehmen, die in Deutschland Vermietern auferlegt werden.

• Die meisten Deutschen, die ihre erste Wohnimmobilie kaufen, nehmen einen oder mehrere Kredite auf – in der Regel eine Hypothek bei einer Bank oder Sparkasse, oft auch ein Bauspardarlehen. Wer diesen Schritt wagt, geht wahrscheinlich die größte finanzielle Verpflichtung seines Lebens ein und **bindet** sich und seine Familie für viele Jahre an die zugrunde liegenden **Verträge**. Das ist rein psychologisch nicht jedermanns Sache: Viele Menschen fühlen sich mit so einer Verpflichtung eingeengt oder gar gefangen. Sie haben von diesem Zeitpunkt an das Gefühl, als verliefe ihr Leben nun für einige Jahrzehnte in eng kontrollierten Bahnen, die keinerlei Spontaneität zulassen. Wer Monat für Monat einen hohen Kredit abzahlen muss, hat deutlich weniger Spielraum, spontan für einen längeren Zeitraum auszusteigen und das Leben umzukrempeln.

• Im Großen und Ganzen bietet das deutsche **Mietrecht** einem Mieter deutlich mehr Rechte als einem Vermieter. Wer monatelang seine Miete nicht bezahlt, sitzt – anders als etwa in den USA – noch lange nicht auf der Straße. Wer seine Hypothek nicht bedient, hat in der Regel schlechtere Karten. Arbeitslosigkeit, schwere Krankheit oder eine Scheidung können einen Eigenheimbesitzer sehr viel schneller verzweifeln lassen als einen Mieter, der stets relativ kurzfristig in eine kleinere

Wohnung ausweichen kann. Die Zwangsversteigerung ist eine psychologische und finanzielle Katastrophe, die einem Mieter niemals drohen kann.

- Das **Mietniveau** in weiten Teilen Deutschlands ist noch immer relativ niedrig. Sicher, es gibt viele Ausnahmen: Wer beispielsweise in Freiburg, Hamburg, München, Konstanz oder Stuttgart lebt und Miete zahlt, wird an dieser Stelle irritiert sein. Doch die hohen Preise, die Mieter in diesen und in einigen anderen Städten und Regionen zahlen – insbesondere in wirtschaftlich starken Ballungsräumen und im relativ wohlhabenden Süddeutschland –, dürfen nicht darüber hinwegtäuschen, dass Wohnraum in vielen Gebieten Deutschlands ausgesprochen günstig ist. Dies gilt etwa für die Mehrzahl der Landkreise, aber auch für viele Städte in Ostdeutschland und für andere Ballungsgebiete im Westen, zum Beispiel im östlichen Ruhrgebiet. Selbst in Berlin, Hauptstadt und mit Abstand größte Metropole Deutschlands, wo die Mieten in den vergangenen fünf Jahren erheblich angezogen haben, ist das Mietniveau sowohl im innerdeutschen als auch im internationalen Vergleich noch immer niedrig.

- **Immobilienpreise** können **fallen**, und zwar jahrelang und recht stark. Dies war zum Beispiel in den 1990er-Jahren in weiten Teilen der Bundesrepublik der Fall, insbesondere in den neuen Bundesländern sowie in ländlichen Regionen in den alten. Der Immobilienboom, der die deutschen Städte seit etwa zehn Jahren erfasst hat, wird meines Erachtens noch andauern, solange die Zinsen niedrig bleiben – worauf aus heutiger Sicht einiges hindeutet. Allerdings sollte man angesichts der steigenden Preise nicht vergessen, dass Immobilienpreise keine Einbahnstraße sind und dies auch in Zukunft niemals sein werden.

• Die Suche nach der passenden Immobilie macht **Mühe** und kostet **Zeit**. Es ist keineswegs damit getan, ein oder zwei Objekte zu besichtigen, einen Vertrag beim Notar zu unterzeichnen und umzuziehen. Bei den meisten Käufern zieht sich der Prozess alles in allem sechs bis zwölf Monate hin – also von der ersten Suche im Internet oder in Zeitungsinseraten hin zu den letzten Ein- und Umbauten in Haus und Garten. Wer selbst baut, hat einen noch erheblich höheren Zeitaufwand zu verkraften.

• Wer eine Immobilie kauft, sollte sich der Gefahr bewusst sein, dass er aus Unwissenheit, Nachlässigkeit oder nervöser »Kaufpanik« einen **überteuerten Preis** akzeptiert. Dieses Risiko besteht gerade in Zeiten, in denen die Preise für Wohnraum stark anziehen und ein gewisses Spekulationsfieber den Markt im Griff hat. Also zum Beispiel jetzt, im Sommer 2014.

• Eigentum verursacht **Kosten**, um die ein Mieter sich nicht kümmern muss, weil der Vermieter dies übernimmt: größere und kleinere Reparaturen; die regelmäßige Erneuerung von Heizung, Fenstern und Fassade; die Pflege eines Gartens. Als Eigentümer ist man an dieser Stelle in der Pflicht, zeitlich und finanziell.

• Der Kauf einer Immobilie ist in Deutschland mit beträchtlichen **Nebenkosten** verbunden: Der Staat verlangt eine **Grunderwerbsteuer** von 3,5 Prozent bis 6,5 Prozent (in Schleswig-Holstein) der Bemessungsgrundlage – in der Regel der Kaufsumme. Sie wird auf Landesebene erhoben und liegt deshalb unterschiedlich hoch. Die Mehrzahl der Bundesländer hat diese Steuer in den vergangenen fünf Jahren massiv angehoben. Auch der Eintrag ins **Grundbuch** und der **Notar** kosten Geld, zusammen etwa 1,5 bis zwei Prozent. Und falls ein **Makler** eingeschaltet wird, stellt auch der eine Rechnung von bis zu sechs Prozent der Kaufsumme zuzüglich Umsatzsteuer. (Die Provision ist allerdings stets verhandelbar, auch wenn sich ein Makler über pokernde Interessenten natürlich nicht freut.) In der Summe müssen Käufer für Nebenkosten ungefähr acht bis 15 Prozent des Kaufpreises einplanen, die einfach weg sind, ohne dass Vermögen gebildet wird. Wer also ein Haus oder eine Wohnung für 300 000 Euro kauft, ist bei Vertragsabschluss um die 30 000 Euro extra los, im ungünstigsten Fall sogar 45 000 Euro.

Zusammengenommen verdeutlicht diese Liste der Gründe, die gegen den Immobilienerwerb sprechen, dass auch eingefleischte Mieter durchaus überzeugende Argumente auf ihrer Seite haben. Es ist nicht zuletzt die persönliche Präferenz, die bei der Gewichtung des Für und Widers den Ausschlag gibt.

Von anderen, nur oberflächlich schlüssigen Argumenten sollte man sich jedoch nicht irritieren lassen. So hört man in Deutschland immer wieder in Gesprächen und in den Medien, dass ein Immobilienkauf eine ganz besonders törichte Idee sei, weil schließlich jeder wisse, dass die Deutschen demnächst »aussterben« beziehungsweise die Einwohnerzahl tendenziell sinke, so dass die Preise zwangsläufig fallen müssten. Wie so oft gilt auch hier: Ein Fünkchen Wahrheit steckt in dieser Logik – aber eben nur ein Fünkchen, nicht mehr.

Demografische Prognosen, die viele Jahre oder Jahrzehnte in die Zukunft reichen, sind schwierig und liegen, da sie auf vielen Variablen und Unwägbarkeiten aufbauen, oft falsch. Wer sich in seinen Finanzentscheidungen auf derartige Hochrechnungen verlässt, betreibt schlicht Glücksspiel. Doch dies nur am Rande. Viel wichtiger sind die folgenden beiden Punkte. Sie erklären, warum die Nachfrage nach Privatimmobilien in weiten Teilen des Landes in absehbarer Zeit nicht sinken dürfte, sondern steigen. Zum einen erlebt unsere Gesellschaft seit Jahren einen Trend hin zu **Single-Haushalten** – keineswegs nur in der jüngeren Generation, sondern insbesondere auch bei älteren Menschen und ganz allgemein in den Städten. Die Folge: Die Gesamtzahl der Haushalte nimmt kontinuierlich zu. Zweitens steigt die **Wohnfläche**, die jeder Bundesbürger im Durchschnitt für sich in Anspruch nimmt, seit Jahrzehnten stetig. Infolge dieser beiden Trends dürfte auch die Nachfrage nach Wohnraum weiterhin erheblich zulegen – ein Treibsatz für tendenziell steigende Preise.

Berücksichtigen sollte man darüber hinaus, dass sich **Regionen** sehr unterschiedlich entwickeln können. In einigen Landstrichen Ostdeutschlands, Niedersachsens und in Franken deutet beispielsweise einiges auf einen dauerhaften Rückgang der Bevölkerung hin, der sich auch in sinkenden Immobilienpreisen niederschlagen könnte. Andere Regionen und Städte dürften dagegen auf Jahre hinaus wachsen. In diese Gruppe zählen Großstädte wie München, Hamburg, Berlin und Potsdam ebenso wie beispielsweise der Raum Oldenburg und die gesamte Bodenseeregion.

Zwölf Tipps auf dem Weg zum Eigenheim

- Wägen Sie vor dem Kauf einer Immobilie die **Vor- und Nachteile** gründlich ab. Sind Sie sicher, dass Sie für eine längere Zeit an einem bestimmten Ort leben wollen und dass dies mit den Plänen Ihres Partners, Ihrer Familie und Ihres Arbeitgebers vereinbar ist?

- Nehmen Sie Ihre **Finanzen** gründlich unter die Lupe. Je mehr **Eigenkapital** Sie für den Kauf Ihrer Immobilie haben, umso besser: Das erleichtert die Finanzierung und macht sie langfristig tragbar. Es sollten mindestens 20 Prozent des Kaufpreises inklusive Nebenkosten sein, besser noch 30 Prozent. Nach oben sind natürlich keine Grenzen gesetzt: Je mehr Geld Sie haben, umso problemloser wird die Sache wahrscheinlich ablaufen, und umso niedriger liegt tendenziell der Zinssatz, den Sie bezahlen müssen.

- Sind die **Hypothekenzinsen** und die **Immobilienpreise** im langjährigen Vergleich niedrig oder hoch? Zurzeit liegen die Marktzinsen auf historisch tiefem Niveau – Käufer eines Eigenheims oder einer zu vermietenden Immobilie können also einen deutlich höheren Betrag finanzieren, als dies bei höheren Zinsen der Fall wäre. Die Immobilienpreise in Deutschland wiederum sind in den vergangenen Jahren in den Städten massiv gestiegen. Dies liegt zum einen an den attraktiven Hypothekenzinsen, die vielen den Umzug ins Eigenheim ermöglichen, die dies bei ungünstigeren Finanzierungsbedingungen nicht schaffen würden. Zum anderen sehen viele Deutsche keine Alternativen für ihr Geld.

Die Sparzinsen tendieren zurzeit gegen null, liegen real, also unter Berücksichtigung der Inflation, sogar im negativen Bereich. Die Börse wiederum ist für die Mehrzahl der Sparer weiterhin ein Mysterium, ein Monster oder eine Mischung aus beidem. Immobilien als werthaltige Anlage, »Betongold«-Investments, scheinen vielen daher attraktiv zu sein, so dass die Marktpreise erheblich angezogen haben. Das spricht grundsätzlich nicht gegen den Kauf. Man sollte sich aber des hohen Preisniveaus bewusst sein und entsprechend umsichtig agieren.

- Rechnen Sie aus, wie viel Geld Sie (und gegebenenfalls Ihr Lebenspartner) **monatlich netto** zur Verfügung haben. Je höher Ihr Einkommen, umso leichter wird Ihnen eine Finanzierung fallen – nicht zuletzt, weil Sie in den Augen der finanzierenden Bank ein »besseres Risiko« sind und wahrscheinlich ein günstigeres Zinsangebot bekommen. Wichtig dabei: Um eine Hypothek aufnehmen zu können, ist bei den meisten Anbietern ausreichende **Kreditwürdigkeit** erforderlich, die meist ein regelmäßiges Mindesteinkommen erfordert. Viele Selbstständige und Freiberufler treffen an dieser Stelle mitunter auf eine unüberwindbare Hürde: Ihr Einkommen mag erheblich sein; es ist aus Sicht eines Darlehensgebers jedoch unregelmäßig – und damit oftmals nicht ausreichend. Alternativ können Selbstständige – sofern vorhanden – jedoch Vermögenswerte (Wertpapiere, Kapital-Lebensversicherungen und so weiter) als Sicherheit angeben.

- Suchen und finden Sie die für Sie richtige, **passende Im-**

mobilie. Dabei sollten Sie sich nicht nur an Ihren persönlichen Vorlieben und Wünschen orientieren, sondern auch an Ihrem Finanzrahmen. Hilfreich ist bei den meisten angehenden Immobilienkäufern oder Bauherren eine Checkliste, die zwischen dem, was definitiv sein *muss*, und dem, was sein *darf* (also nett wäre, aber nicht entscheidend ist), differenziert. Je mehr Objekte Sie besichtigen und kritisch unter die Lupe nehmen, umso besser wird Ihr Verständnis für das aktuelle Marktumfeld sein. Das Gespür für Qualität und Preise kommt dann von ganz allein.

- Holen Sie sich **fachliche Hilfe** bei Freunden, Bekannten und Experten, die sich mit Immobilien auskennen. Dies können beispielsweise Architekten und Immobilienmakler sein, aber auch Bauunternehmer, Handwerker, erfahrene Hausmeister oder einfach Leute, die schon einen Bau oder Kauf hinter sich haben.

- Fahnden Sie gezielt nach der **bestmöglichen Finanzierung**. Die Wahrscheinlichkeit, dass Sie die ausgerechnet bei Ihrer Hausbank oder -sparkasse finden, ist relativ gering; allerdings ist dies, sofern Sie zu pokern verstehen, auch nicht ausgeschlossen. Faustregel: Holen Sie für ein konkretes Objekt mindestens drei Finanzierungsangebote ein, die Sie vergleichen können. (Nach oben sind dieser Zahl natürlich keine Grenzen gesetzt.) Berücksichtigen sollten Sie dabei unbedingt auch Direktbanken und Hypothekenvermittler wie zum Beispiel Interhyp, die oftmals die günstigsten Konditionen bieten.

- Lesen Sie sämtliche Finanzierungsangebote gründlich durch, auch das Kleingedruckte. Achten Sie auf jedes Detail – und wenn Sie es nicht verstehen, lassen Sie es sich ohne jede Scham vom zuständigen Berater erklären, bis alles klar ist. Entscheidend ist dabei nicht der Nominalzins, sondern der sogenannte **Effektivzins**: Er berücksichtigt neben dem Nominalzins einige weitere Kennziffern, die bei einer Finanzierung eine Rolle spielen, beispielsweise versteckte Bankgebühren und die Regeln bei der Tilgungsverrechnung.

- In Zeiten mit niedrigen Immobilienzinsen kann es clever sein, den Zinssatz für einen längeren Zeitraum – also zehn, 15 oder mehr Jahre – vertraglich zu verankern. Je länger diese **Zinsbindungsfrist**, umso mehr Planungssicherheit haben Sie.

- Darüber hinaus kann es – sofern Sie den finanziellen Spielraum haben – klug sein, einen relativ hohen **Tilgungssatz** zu vereinbaren. Als »normal« gilt aus Sicht vieler Banken eine anfängliche Tilgung von einem Prozent im Jahr. Drei Prozent und mehr sind »hoch«. Der Vorteil: Je höher die Tilgung, umso schneller haben Sie die Immobilie abbezahlt und sind schuldenfrei. Allerdings sollten Sie sich mit einer zu ehrgeizig gesetzten Tilgungsrate auch nicht übernehmen. Der Tilgungssatz, den Sie mit Ihrem Immobilienfinanzierer vertraglich vereinbaren, gilt normalerweise für viele Jahre oder sogar mehrere Jahrzehnte. Es ist grundsätzlich möglich, in einem Notfall den Satz zu senken; guten Eindruck wird das bei der Bank aber kaum machen. Eine clevere Alternative, die in den vergangenen Jahren mehr und mehr Finanzierer in ihren Optionskatalog aufgenommen haben, sind **Sondertilgungen**. Sie legen fest, zu welchem Zeitpunkt und in welcher Größenordnung Sie bei Ihrer Bank über die monatlichen Raten hinaus tilgen dürfen. Das kann durchaus sinnvoll sein, denn ab und zu geschieht es im Leben, dass unerwartet Geld ins Haus kommt – zum Beispiel nach einem erfolgreichen Geschäftsjahr (Bonus vom Chef?), weil Ihnen Ihre Eltern einen größeren Betrag überlassen, oder auch, weil Sie möglicherweise erben. Haben Sie dann die Möglichkeit, per Sondertilgung Ihr Darlehen schneller abzuzahlen, können Sie Zinsen sparen, und Ihr Eigenheim ist deutlich früher tatsächlich das eigene Heim.

- Vergessen sollten Sie bei Ihren Planungen nicht, dass Sie auch in einem selbst bewohnten Eigenheim Wohngeld zahlen müssen, also die monatlichen **Nebenkosten**, die u. a. für Wasser, Heizung, den Hausmeister oder die Müllabfuhr anfallen. Bei Mietwohnungen liegen diese Kosten bundesweit zurzeit bei etwa 2,20 Euro je Quadratmeter Wohnfläche. Eine besonders hochwertige Ausstattung (Fahrstuhl, Sauna, Schwimmbad, ein großer Garten und so weiter) kann deutlich höhere Kosten verursachen.

- Man kann – und sollte – bei einem Immobilienkauf nach allen Regeln der Kunst mit dem Verkäufer oder Anbieter **verhandeln**.

Bausparen

Bausparverträge sind in Deutschland extrem beliebt. Etwa 25 Millionen Bundesbürger zahlen nach einer Schätzung von Schwäbisch-Hall, dem größten Anbieter bei uns, monatlich Raten an eine **Bausparkasse**. Das sind zwar deutlich weniger als bei Kapital-Lebensversicherungen, andererseits aber erheblich mehr als bei klassischen Wertpapieren, also Aktien, Anleihen oder Fonds.

Die **Funktionsweise** von Bausparverträgen ist etwas kompliziert. Ein solcher Vertrag durchläuft zwei Phasen. In der sogenannten **Ansparphase** zahlt man regelmäßig (meist monatlich) die vertraglich festgelegten Beiträge an die Kasse. Das dabei gebildete Guthaben wird allerdings nur sehr niedrig verzinst – was schlecht ist für den Sparer. Nach einigen Jahren wird das **Bauspardarlehen** dann **zuteilungsreif**. Das bedeutet, dass man von der Bausparkasse nun einen (in den Konditionen ebenfalls vorher ausgehandelten) Kredit erhält, und zwar zusätzlich zum gebildeten Guthaben, das gleichzeitig ausgezahlt wird. Das Darlehen wird relativ niedrig verzinst – was diesmal für den Sparer erfreulich ist.

Für die Gespräche mit Bausparkassen sollte man sich merken, dass die sogenannte **Bausparsumme** sich aus zwei Komponenten zusammensetzt, dem anzusparenden **Guthaben** (Phase I) und dem zinsgünstigen **Darlehen** (Phase II).

Doch ist ein Bausparvertrag eigentlich eine gute Idee? Um das Fazit vorwegzunehmen: Ich persönlich wäre zurückhaltend. Allerdings bietet diese Art des Sparvertrags zweifellos einige Anreize, die bei dem einen oder anderen den Ausschlag für eine Unterzeichnung geben können:

- Bausparverträge gelten mitunter als langweilig, aber sie sind auch **sicher** und **berechenbar**. Die Bausparzinsen, die man in einigen Jahren einmal zahlen muss, stehen bereits bei der Unterzeichnung des Vertrags fest – mehr Planungssicherheit geht nicht. Man kann mit dieser Art der Vermögensbildung also in der Regel sehr ruhig schlafen und getrost davon ausgehen, dass einem kein Börsensturm eines Tages einen Strich durch die Rechnung machen wird. Prima.

- Die **Zinsen** für ein Bauspardarlehen sind meist deutlich attraktiver als die, die man bei einem normalen Hypothekendarlehen bei Bank oder Sparkasse zahlen muss. Es gibt jedoch immer wieder Phasen, in denen die Hypothekenzinsen wegen einer allgemeinen Wirtschaftsschwäche so niedrig liegen, dass sich Bauspardarlehen nicht besonders lohnen. Aktuell ist dies angesichts der seit der Finanzkrise historisch niedrigen Marktzinsen der Fall. Leider ist es bei Vertragsabschluss unmöglich zu wissen, ob die Bankzinsen zu dem Zeitpunkt, an dem eines Tages das Darlehen zugeteilt wird, gerade hoch oder niedrig sein werden. (Die mehrjährigen Zinsprognosen von Bausparberatern oder Bankmitarbeitern darf man an dieser Stelle getrost ignorieren; sie sind weitgehend wertlos.)

- Bausparverträge sind in einem Punkt erfreulich flexibel: Man kann, wenn es einem finanziell besser geht (zum Beispiel nach einer Gehaltserhöhung), die **Beiträge erhöhen**.

Alternativ kann man sie, wenn es gerade nicht so gut läuft, nach Absprache mit der Bausparkasse **senken** oder im Notfall aussetzen.

- Vorzug Nummer vier: Bausparverträge gelten als **nachrangige Darlehen**. Das bedeutet, dass man zusätzlich für den Kauf einer Immobilie einen Bankkredit bekommen kann, bei dem man das Objekt als sogenannte Sicherheit ersten Ranges nutzen darf. Das macht die Sache für die finanzierende Bank weniger riskant und kann niedrigere Zinsen nach sich ziehen.

Allerdings haben Bausparverträge auch **Nachteile** – wenige nur, aber dafür besonders unappetitliche.

- Die **Gebühren**, die ein Bausparer zahlt, sind aufgrund des Zwei-Phasen-Modells dieser Sparform fast immer undurchsichtig und oft ausgesprochen hoch. Fast kein normaler Bausparer ist in der Lage, die Kosten eines Vertrags genau zu beziffern – mich selbst ganz sicher eingeschlossen. Das liegt daran, dass der Preis, den man für die niedrigen Zinsen in der Darlehensphase zahlt, in den Magerzinsen liegt, mit denen in der Ansparphase das Guthaben wächst. Hinzu kommt noch eine klassische **Provision** für den Vermittler. Wichtig hier: Sie errechnet sich aus der Höhe der Bausparsumme. Wenn ein Vertreter Sie im Gespräch also zu einer unerwartet hohen Bausparsumme drängelt, kennen Sie nun möglicherweise den Grund.
- Die meisten Bausparkassen haben viele verschiedene **Ta-**

rife, deren Konditionen und Klauseln unterschiedlich und untereinander schwer vergleichbar sind. Die Auswahl der Bausparkasse hat dadurch etwas von einem Glückspiel.

- Bausparverträge erfordern **Geduld**: Sie laufen viele Jahre – und daher dauert es auch Jahre, bis man überhaupt das versprochene (zinsgünstige) Darlehen erhält. Wer schon im nächsten Jahr – oder noch früher – eine Immobilie kaufen oder bauen will, ist bei der Bausparkasse an der falschen Stelle. Er sollte sich wegen einer klassischen Hypothek an Bank oder Sparkasse wenden.

Für wen ist Bausparen also das Richtige? Wer relativ vermögend ist oder gut verdient, wird vermutlich ohne einen Bausparvertrag auskommen und eine Immobilie erwerben oder bauen können.

Etwas anders sieht es aus, wenn die Einkommenslage nicht ganz so toll ist. Dann kann sich Bausparen insbesondere über die **Wohnungsbauprämie** lohnen, eine Subvention vom Staat. Ehepaare, die weniger als 51 200 Euro im Jahr verdienen, erhalten bis zur Beitragshöhe von 1024 Euro einen Zuschuss von 8,8 Prozent (also maximal 90,11 Euro). Bei Unverheirateten gelten die halben Beträge. Angestellte, die über ihren Arbeitgeber **Vermögenswirksame Leistungen** nutzen, können unter bestimmten Voraussetzungen zusätzlich eine **Arbeitnehmersparzulage** beantragen.

Wenn Sie in absehbarer Zeit – sagen wir innerhalb der nächsten fünf Jahre – eine Immobilie kaufen oder ein Haus bauen wollen, dann ist es eine sehr gute Idee, schon jetzt so viel Geld als möglich auf die Seite zu legen. Sie sollten also, um ausreichend Mittel zur Verfügung zu haben, unbedingt sparen. Ob Sie unbedingt *bau*sparen sollten, ist eine ganz andere Frage, bei deren Beantwortung unter anderem die individuellen Einkommensverhältnisse eine Rolle spielen dürften. Am besten sollte man sich **unabhängig beraten** lassen – zum Beispiel bei einer der deutschen Verbraucherzentralen – und dort klären, ob sich im Einzelfall ein Vertragsangebot lohnt oder nicht.

IV. Börse & Geldanlage

Kapitel 12:
Asset Allocation

Wer sich irgendwann im Laufe seines Lebens mit Geldanlage beschäftigt, muss eine ganze Reihe von Fragen so gut und weitsichtig wie möglich beantworten. Einige Fragen, die ich bei meiner Arbeit immer wieder höre oder lese, sind: Sollte ich jetzt Aktien oder Investmentfonds kaufen? Wie finde ich einen guten Fonds? Lohnt sich der Kauf von Gold? Wie sicher ist mein Geld, wenn ich dieses oder jenes mache?

All diese Fragen sind relevant und zielen auf wichtige Aspekte, die man bei der Geldanlage in der Tat berücksichtigen und sorgfältig abwägen sollte. Sie sollten allerdings niemals der Ausgangpunkt sein. Die erste und wichtigste Frage, der man sich bei Investmententscheidungen stellen sollte, lautet ganz anders: Welche **Asset Allocation** ist für mich in meiner aktuellen Lebenssituation die richtige? Anders formuliert: Wie verteile ich mein Erspartes – unter Wahrung eines vernünftigen Chance-Risiko-Profils – auf unterschiedliche Anlageklassen? Jeder Privatanleger, der sich über seinen Vermögensaufbau Gedanken macht und nicht zuerst diese Frage beantwortet, begeht einen Fehler, der ihn teuer zu stehen kommen kann.

Entscheidend ist dabei der zugegebenermaßen sperrige, sprachlich unglückliche Begriff der Asset Allocation. Es gibt bis heute leider keine deutsche Vokabel, die ähnlich treffend wäre und sich durchgesetzt hätte – daher benutze auch ich hier diesen englischen Ausdruck. Man versteht darunter die »Zuteilung« oder »Aufteilung« (engl. »allocation«) von Vermögenswerten (»assets«) auf verschiedene Anlageklassen. Im Kern geht es dabei um die Frage, welche verschiedenen Wertpapiersegmente es überhaupt gibt und wie man sie für die eigene Geldanlage optimal nutzt.

Vereinfacht gesagt kann – und sollte – jeder Privatanleger jedes der vier Segmente abdecken, die zusammengenommen das Anlageuniversum bilden: erstens **Aktien** und aktienbasierte Wertpapiere (zum Beispiel Aktienfonds); zweitens **festverzinsliche Anlagen** (auch Anleihen oder Rentenpapiere genannt); drittens **Immobilien**; und schließlich **Rohstoffe**, zu denen auch Edelmetalle wie Gold, Silber und Platin zählen.

Einige erfahrenere Investoren werden an dieser Stelle einwenden, dass die vier genannten Segmente den Anlagekosmos nicht vollständig abdecken. Schließlich können inzwischen auch Privatanleger mit relativ übersichtlichem Vermögen – und für recht niedrige Gebühren – viele andere Investmentvehikel nutzen. Beispiele sind Hedgefonds oder Private-Equity-Anlagen, Kunst und Antiquitäten, Oldtimer, Briefmarken, Sammlerstücke aller Art oder Diamanten. Diese Kritik ist durchaus berechtigt. Ich bin jedoch der Meinung, dass all diese Anlageklassen für »normale« Privatanleger mit Vermögenswerten im vier- bis sechsstelligen Euro-Bereich in der Regel irrelevant oder ungeeignet sind. Kunstobjekte beispielsweise sind eine wunderbare Sache: Sie verschönern das Leben Tag für Tag und können tatsächlich rasant im Wert steigen – so wie die Marktpreise für zeitgenössische Kunst und Fotografien in den ersten Jahren dieses Jahrtausends, gewaltig geklettert sind. Gemeinerweise – vorübergehend war das zum Beispiel im Zuge der Finanzkrise ab Herbst 2008 der Fall – können sie allerdings auch schnell im Wert fallen. Das schmälert die Freude an schönen Werken keineswegs, ist aber für den langfristigen, systematischen Vermögens*aufbau* nicht hilfreich. Dies gilt umso mehr, als man Wertpapiere wie Aktien oder Anleihen unabhängig von ihrer Wertentwicklung jederzeit an den Börsen liquidieren kann, also in »flüssiges« Geld umtauschen. Dies ist am Kunstmarkt, wo überwiegend Unikate gehandelt werden, viel schwieriger.

Zwei Ausnahmen räume ich ein: Wer ein besonders großes Anlagevermögen hat – ich denke an eine deutlich sechsstellige Zahl –, kann durchaus einen Teil davon in alternative Anlagesegmente stecken, sofern er sich der besonderen Risiken bewusst ist. Und wer auf einem bestimmten Gebiet – sei es Jugendstil-Kunst, Buchraritäten, Steiff-Teddybären oder etwas völlig anderes – ein echter Experte ist, kann dank seiner Kenntnisse tatsächlich klug agieren und Gewinn einfahren. Nur sehr wenige Menschen fallen indes in diese Gruppe der Experten.

Zurück zu den vier oben genannten Anlagesegmenten: Was ist eigentlich was?

• **Aktien** sind Anteile an Unternehmen, die in der Regel die Rechtsform der Aktiengesellschaft (AG) oder der Societas Europaea (SE, auch Europa-AG genannt) nutzen und an den Börsen gehandelt werden. Der Inhaber einer Aktie – der Aktionär – ist Miteigentümer dieser Gesellschaft. Wer also beispielsweise eine Aktie der in München beheimateten Siemens AG in seinem Wertpapierdepot liegen hat, kann von sich sagen, dass ihm ein (sehr kleiner) Teil dieses Großunternehmens gehört.

Im Vergleich mit zwei der folgenden Wertpapierklassen, Anleihen und Immobilien, sind Aktien riskant. Läuft das Geschäft des Unternehmens prächtig, kann der Wert einer einzelnen Aktie stark steigen; läuft es nicht so gut, kann es jedoch auch rapide nach unten gehen.

Aktienfonds wiederum investieren in die Anteilscheine vieler verschiedener AGs oder SEs, mal mit einem bestimmten Schwerpunkt (zum Beispiel nur deutsche Aktien oder nur mittelgroße Unternehmen der zweiten Reihe), mal ohne. Dadurch verteilen sie das Anlagerisiko auf viele verschiedene Unternehmen und senken es so beträchtlich.

Gleichzeitig sind Aktien und aktienbasierte Anlageformen in der Vergangenheit die renditestärkste Anlageform gewesen – im langjährigen Mittel wohlgemerkt. (Das Jahrzehnt 1998 bis 2008 war beispielsweise eine Ausnahme.) Generell sollte man

stets im Hinterkopf behalten, dass das erhöhte Risiko einer Anlageform in der Regel mit einer erhöhten Rendite einhergeht –
und umgekehrt.

• **Anleihen** sind Schuldverschreibungen von Regierungen und
anderen staatlichen Stellen – zum Beispiel den deutschen Bundesländern oder der Regierungsbank KfW – sowie von Unternehmen. Sie werden oft auch Renten oder Rentenpapiere
genannt, was allerdings nichts mit der Altersrente zu tun hat.
Anleger, die eine Anleihe in ihrem Depot liegen haben, erhalten dafür regelmäßig (zum Beispiel einmal jährlich) Zinsen
gutgeschrieben. Am Ende der Laufzeit einer Anleihe gibt es
dann – sofern der Emittent der Anleihe zahlungsfähig bleibt –
das Kapital zurück. Grundsätzlich sind Anleihen viel sicherer
und weniger schwankungsanfällig als Aktien. Allerdings können auch sie Tücken haben. Das größte Risiko besteht darin,
dass der Emittent einer Anleihe in Zahlungsschwierigkeiten
gerät. Das kommt nicht allzu häufig vor, allerdings auch nicht so
selten, als dass man diese Gefahr vernachlässigen sollte. Selbst
Staaten der »reichen« Welt können, wie die europäische Schuldenkrise der vergangenen Jahre deutlich gemacht hat, in die
Verlegenheit kommen, ihre Schulden nicht bezahlen zu können. Für Anleger, egal ob klein oder groß, hat dies katastropha-
le Folgen.

Selbst wenn ein Anleiheemittent seinen Zahlungsverpflich-
tungen nachkommt und am Ende die Schulden zurückzahlt,
können Anleihen heftigen Kursschwankungen unterliegen, was
eine zweite Gefahr für Investoren darstellt. Sinken beispiels-

weise die Marktzinsen, steigen in der Regel die Kurse, zu denen man an den Börsen Anleihen verkaufen kann. Das gilt allerdings auch umgekehrt: Steigen die Zinsen, fallen die Kurse. Wer sich dann von seinen Papieren trennen will oder muss, läuft Gefahr, einen Verlust zu machen, der höher ist als die Zinsen, die seine Anleihe abwirft.

Augenmaß ist an dieser Stelle jedoch gefragt: In der Regel sind die Kursschwankungen bei Anleihen auch nicht annähernd so stark wie bei Aktien. Man geht mit ihnen also ein erheblich geringeres Risiko ein – ein Grund dafür, dass konservative Rentenpapiere insbesondere für ältere Menschen, die sich bereits zur Ruhe gesetzt haben oder kurz davor stehen, geeignet sind.

Rentenfonds investieren in verschiedene Anleihen und streuen so das Risiko. Auch **Mischfonds** weisen Anleihen zumeist einen recht hohen Anteil zu, da sie – deshalb heißen sie so – das Geld ihrer Anleger sowohl in Aktien als auch in Anleihen stecken.

• Das dritte Anlagesegment sind **Immobilien**. Damit ist keineswegs nur das Eigenheim gemeint, sondern jedes Investment in »unbewegliche« (»immobile«) Sachwerte. Hierzu zählen vermietete Wohnungen und Häuser, Ferienimmobilien sowie Offene und Geschlossene Immobilienfonds. Auch diese Vermögenswerte können natürlich im Wert fallen, wie etwa ab dem Jahr 2007 die verheerenden Immobilienkrisen in den USA, Großbritannien, Spanien und vielen anderen Ländern deutlich gemacht haben. Dabei muss man allerdings berücksichtigen, dass die mitunter horrenden Wertverluste auf ein Jahrzehnt folgten, das von einer fast beispiellosen Spekulationsblase in diesen Ländern geprägt war. An Deutschland (und auch Japan) war diese kollektive Spekulation im Immobilienbereich damals schlicht vorbeigegangen. Die Niedrigzinspolitik, die die Europäische Zentralbank und andere große Notenbanken der Welt seitdem verfolgen, hat seit etwa 2008 auch in Deutschland die Preise rasch steigen lassen, vor allem in den Großstädten. Ein Ende dieses Booms wird meines Erachtens erst dann absehbar, wenn die Zinsen wieder anziehen.

Die Preiskapriolen der Vergangenheit sollten aber nicht davon ablenken, dass Immobilien grundsätzlich ein relativ sicheres Investment sind – insbesondere für jene, die ein Eigenheim bewohnen. Wertschwankungen spielen allenfalls langfristig eine Rolle. Während eine Aktie binnen Stunden mühelos um zehn Prozent im Wert fallen oder steigen kann, ist dies bei Immobilien praktisch ausgeschlossen.

• **Rohstoffe**, das vierte und letzte hier vorgestellte Anlagesegment, sind sogar noch erheblich riskanter als Aktien – und es übrigens schon immer gewesen. Wer sein Erspartes beispielsweise in Öl, Industriemetalle, Getreide oder Kaffee steckt, geht immer ein enormes Risiko ein. Zugegeben: Er kann, sofern er das richtige Händchen hat, in wenigen Tagen oder Wochen spektakuläre Gewinne erzielen – allerdings auch, wenn dies gerade einmal nicht der Fall sein sollte, genauso spektakuläre Verluste. In den Jahren vor 2008 erlebte die Welt beispielsweise einen Rohstoffboom mit rasch steigenden Preisen in fast allen Segmenten. Der Ölpreis stieg in dieser Zeit von unter 15 auf fast 150 Dollar je Fass, und kaum weniger drastisch waren die Kurssprünge bei Erdgas, Metallen und vielen Agrarrohstoffen.

Dabei sollte man jedoch eine Besonderheit des Rohstoffmarktes nie vergessen: Angebot und Nachfrage für viele Rohmaterialien bewegen sich nach einem Muster, das als Schweinezyklus aus der Landwirtschaft bekannt ist. Der Mechanismus ist schnell erklärt: Angenommen, der Preis für Schweinefleisch steigt in einem beliebigen Jahr – vielleicht, weil es an einem Ort (nennen wir ihn China) mehr Menschen gibt, die sich Schweinefleisch leisten können; vielleicht, weil sich die Geschmäcker ändern; vielleicht, weil Rindfleisch gerade gemieden wird und viele Verbraucher auf Schweinefleisch ausweichen. Folglich steigt die Nachfrage nach Schwein, und damit steigt ebenfalls der Preis. Schweinebauern haben nun einen Anreiz, mehr Ferkel aufzuziehen – schließlich sind die Preise gestiegen. Doch wenn alle Bauern gleichzeitig mehr Schweine halten, sind im nächsten Jahr ungewöhnlich viele Tiere auf dem Markt – die Preise fallen wieder. Damit ist es weniger lukrativ geworden, Schweine zu züchten, und so weiter. Dieser wellenartige Zyklus kann, je nach Rohstoff, einige Quartale, Jahre oder auch Jahrzehnte dauern. Das Prinzip ist immer gleich und gilt für Rohstoffe wie Erdöl und Erdgas, Eisenerz und andere Industriemetalle, aber auch für Agrarrohstoffe wie Kaffee, Zucker, Getreide und Orangensaft.

Anleger tun aufgrund dieser Besonderheit gut daran, sich in diesem Segment der beträchtlichen Gefahren bewusst zu sein. Rohstoffpreise können genauso schnell fallen wie steigen; Investments in diesem Bereich sind immer anfällig für herbe Verluste. Anders gesagt: Wer als Privatanleger sein Geld in Rohstoffe steckt (von »investiert« kann man an dieser Stelle nicht wirklich sprechen), kann Glück oder Pech damit haben; er nimmt damit – dies ist der entscheidende Punkt – an einem Glückspiel teil, das nicht Teil der Altersvorsorge sein muss. Wer als Privatanleger ein »normales« Kapitalvermögen (von sagen wir weniger als einer Viertelmillion Euro) besitzt und gezielt ein Finanzpolster fürs Alter aufbauen will, kann getrost einen Bogen um Rohstoffe machen. Wer vermögender ist oder große Lust auf riskante Spielchen hat (oder auch viel Erfahrung in der Rohstoffbranche), kann durchaus einen kleinen Anteil seines Ersparten als Beimischung dafür einsetzen. Aber eben nur eine Beimischung. Es versteht sich – wie in diesem Buch bereits mehrfach ausgeführt –, dass man Banken und Finanzberater, die aus irgendeinem Grund Rohstoff-Anlagen empfehlen, getrost ignorieren kann. Das sollte einen nicht irre machen: Niemand weiß, ob der Berater mit seiner Empfehlung zufällig recht haben wird oder nicht.

Wer indes einen kleinen Teil seines Anlegevermögens in Rohstoff-Wertpapiere stecken will, hat mehrere Möglichkeiten. Er kann Fonds nutzen (Kapitel 15), Zertifikate (Kapitel 16) oder auch Direktinvestments in einzelne Rohstoff-Aktien (Kapitel 13). Die jeweiligen Vor- und Nachteile dieser Anlageformen werden in den folgenden Abschnitten unter die Lupe genommen.

Nominal? Real? Egal?

Jeder sollte unbedingt den Unterschied zwischen zwei Anlage-klassen verstehen: nominalen und realen Vermögenswerten. Pikanterweise sind viele Finanzanlagen, die die Deutschen für besonders schlau, sicher und ideal für ihren Vermögens-aufbau halten, lediglich *nominal* sicher. Was sie andererseits besonders spekulativ, suspekt und unerträglich anstrengend finden – Aktien, Gold, einiges andere –, ist nominal unsicher, aber *real* relativ sicher. Der entscheidende Unterschied: No-minale Vermögenswerte laufen Gefahr, von Inflation, also steigenden Preisen, aufgefressen zu werden; reale weniger.

- Nominal »sichere« Anlageformen sind beispielsweise die meisten **Anleihen**, **Spareinlagen** und **Sparbücher**, **Konto-guthaben** und **Bargeld**, **Festgeld** und **Termingeld**.
- Als reale Vermögenswerte gelten **Aktien** und **Aktienfonds**, **Gold** und andere **Edelmetalle**, **Edelsteine**, **Rohstoffe**, **Kunst** und Sammlungen, Möbel, Autos und einiges mehr. **Immobilien** zählen ebenfalls in diese Gruppe, also Wohn-objekte und gewerbliche Immobilien, Wald und Ackerland.

Anlagedepots und Vermögensaufstellungen in unserem Land zeichnen sich in der großen Mehrzahl durch ein mar-kantes Ungleichgewicht aus: Ein Vermögensanteil von etwa 70 bis 90 Prozent entfällt typischerweise auf Nominalwerte, wenn man die Ansprüche aus der gesetzlichen Rentenver-sicherung und alle offenen Kapital-Lebensversicherungen in die Rechnung einbezieht. Meiner Meinung nach sollten sich Anleger im Niedrigzinsumfeld, in dem wir uns seit der jüngsten Finanzkrise befinden, tendenziell raus aus nominalen, scheinbar sicheren Werten bewegen und stattdessen reale Werte erwerben.

In einem Umfeld mit hohen oder sogar sehr hohen Inflationsraten, das aus heutiger Sicht mittel- und langfristig wahrscheinlicher ist als ein deflationäres, sind nominal investierte Ersparnisse keine sichere Anlageform, sondern eine riskante – und mit großer Wahrscheinlichkeit eine schlechte. (Eine ausführliche Analyse dieses wichtigen Themas finden Sie in meinem Buch *Wenn Geld stirbt*, erschienen 2013 im Goldmann Verlag.)

Der Anfang der Geldanlage liegt keineswegs in der Frage, welches Wertpapier man kaufen sollte – ein Irrglaube, dem viele Privatanleger in Deutschland anhängen. Entscheidend ist am Anfang vielmehr, welchen Anteil seines Ersparten man jeweils auf die vier genannten Anlagesegmente verteilt.

Bei der Ernährung sind viele mit einem vergleichbaren Prinzip vertraut: Wer gesund leben und nicht über die Maßen zunehmen will, sollte sich ausgewogen ernähren und seinem Körper die passende Mischung aus Eiweiß, Kohlenhydraten, Fett sowie Vitaminen und Mineralstoffen zuführen. Die Spielregeln sind eindeutig: Fett in Maßen; Kohlenhydrate vor allem in der Vollkorn-Variante; Eiweiß darf es durchaus in größeren Mengen sein; und bei all dem sollte man darauf achten, dass mit der

Nahrung alle Vitamine und Spurenelemente in ausreichender Menge aufgenommen werden und man sich viel bewegt.

Bei der Geldanlage ist es nicht anders: Es kommt vor allem auf die richtige Mischung an – also auf die Verteilung auf die Anlageklassen, die Asset Allocation. Wer seine gesamten Ersparnisse in ein einziges Anlagesegment steckt (zum Beispiel Aktien und Aktienfonds), läuft Gefahr, in einer einzigen Schwächephase an den Börsen in kurzer Zeit einen beträchtlichen Teil seines Kapitals zu verlieren. Das Jahr 2008, in dem praktisch alle großen Weltbörsen zwischen 40 und 70 Prozent einbüßten, verdeutlicht, worauf man sich mit einer derart einseitigen Strategie einlässt.

Andererseits liefen in diesem Beispieljahr insbesondere Staatsanleihen hervorragend, so deutsche, amerikanische, australische oder schwedische. Sie erzielten Renditen von mehr als zehn Prozent. Wer hieraus aber nun den Schluss zieht, dass man nur Anleihen besitzen sollte, würde ebenfalls viel zu einseitig investieren und seine langfristigen Anlagechancen von vornherein ausbremsen.

Vor diesem Hintergrund sollte sich ein Privatanleger vor jeder Einzelentscheidung klarmachen, wie seine persönliche Asset Allocation aussehen sollte – und zwar losgelöst von der Frage, ob er insgesamt 10 000 Euro investieren will oder zehn Millionen. Bei Geldanlage und Altersvorsorge kommt es nie auf absolute Zahlen an, sondern auf den prozentualen Wertzuwachs in einem Jahr, die Rendite. Anders gesagt: Wer seine Ersparnisse von 10 000 Euro binnen Jahresfrist um zwanzig Prozent (also 2000 Euro) mehrt, darf sich völlig zu Recht ausgesprochen erfolgreich nennen, jedenfalls in diesem Jahr – eine Garantie für zukünftige Erfolge ist das leider keineswegs. Wer hingegen Anfang Januar eine runde Million hat und Ende Dezember 1,02 Millionen, hat sein Vermögen zwar um das Zehnfache, 20 000 Euro, gemehrt, mit der Rendite von zwei Prozent indes ein recht maues Ergebnis hingelegt.

Die Frage, wie genau eine kluge, auf Langfristigkeit angelegte Asset Allocation aussehen sollte, lässt sich leider nicht pauschal beantworten. Die richtige Verteilung des Ersparten auf die vier Anlageklassen hängt bei jedem Einzelnen von einer Fülle von Faktoren ab, die sich aus den jeweiligen Lebensumständen ergeben. Hier eine (keineswegs vollständige) Liste der Aspekte, die eine Rolle spielen können:

- Das **Lebensalter.**
- Die individuell unterschiedlich ausgeprägte **Risikobereitschaft** bei der Anlage.
- Die Fähigkeit, **Verluste** psychisch ertragen zu können, ohne dass diese eine Schneise der Verwüstung durchs Privatleben ziehen. (Vorsicht: An dieser Stelle kann man sich leicht vertun – also die eigene Ausstattung mit Gleichmut überschätzen.)
- Die in der Vergangenheit gesammelten **Erfahrungen** bei der Geldanlage. Wer zum ersten Mal in seinem Leben Aktien oder Anteile an einem Aktienfonds kauft, darf dies durchaus mit einem sehr kleinen Anteil des Ersparten tun, um sich vorsichtig an dieses relativ riskante Segment heranzutasten.
- Die Frage des **Notgroschens** (Kapitel 4). Wer den noch nicht für unvorhergesehene Notfälle eingerichtet hat, sollte meines

Erachtens kein Geld in Wertpapiere stecken, sondern zuerst einmal zwei oder drei Monatsnettogehälter ansparen und auf die Seite legen. Dies gilt auch, wenn man schon heute weiß, dass in einigen Monaten bestimmte Zahlungen fällig werden, etwa für den Urlaub, den neuen Wagen, eine Klassenfahrt der Kinder oder das Finanzamt.

• Das **Marktumfeld** an den Börsen. Sind beispielsweise Aktien im historischen Vergleich relativ teuer (siehe Kapitel 13), sollte man ihren Anteil an der Asset Allocation herunterfahren – und umgekehrt.

• Die Höhe des **Gesamtvermögens**: Wer ernsthaft reich ist, kann auch Rohstoffe und eventuell andere alternative Anlageformen (zum Beispiel Private Equity und Hedgefonds) einsetzen.

Die Antwort auf die Frage, wie genau die Asset Allocation für jeden Einzelnen aussehen sollte, hängt vor allem von diesen Parametern ab. Es kommt immer auf die eigenen Lebensumstände und Präferenzen an. Ein paar Faustregeln erlauben jedoch eine Orientierung:

• Je jünger man ist, umso höher darf tendenziell der Anteil sein, der auf **Aktien** (und auf **Aktienfonds** und andere aktienbasierte Investments) entfällt.

• Umgekehrt gilt: Ältere Anleger machen nichts verkehrt, wenn sie den Aktienanteil etwas niedriger halten und stattdessen auf weniger riskante Anlageformen – insbesondere **Anleihen** und **Immobilien** – setzen. Schließlich möchte man, wenn man bereits im Ruhestand ist oder kurz davorsteht, sich finanziell sicher fühlen und keine allzu unangenehmen Überraschungen erleben.

• Wer in den eigenen vier Wänden lebt, hat in den meisten Fällen (selbst wenn das Eigenheim noch nicht vollständig abbezahlt sein sollte) einen hohen bis sehr hohen Anteil seines Gesamtvermögens in einer **Immobilie** gebunden und braucht keine weiteren Immobilieninvestments.

• Privatanleger brauchen, wie oben bereits geschrieben, nicht unbedingt **Rohstoff-Investments**, wobei ausnahmsweise Gold als »Versicherung« gegen Krisenschocks und Inflation stets eine umsichtige Beimischung ist.

Dabei ist es für alle Privatanleger sinnvoll, in regelmäßigem Abstand – für viele dürfte einmal jährlich ein passender Turnus sein – die persönliche Asset Allocation im Depot zu **überprüfen** und gegebenenfalls neu zu **justieren**. Das Beispiel des 40-jährigen Anlegers (im Kasten) verdeutlicht das. Angenommen, im ersten Anlagejahr steigen die Aktienkurse rasant, so dass der Aktienanteil seines Vermögens nach einem Jahr 50 Prozent beträgt. In diesem Fall ist es ratsam, tendenziell Aktien zu verkaufen, um wieder auf den gewünschten Zielwert von 35 bis 40 Prozent zu kommen. Das so frei werdende Geld kann dann in Renten, Immobilien oder andere Anlagen gesteckt werden. Umgekehrt gilt: Nach einer besonders schlechten Aktienphase sollte man den Aktienanteil tendenziell erhöhen – also genau das Gegenteil von dem tun, was viele Privatanleger intuitiv richtig finden.

So könnte die richtige Asset Allocation aussehen

Die genaue Aufteilung des Anlagevermögens auf die verschiedenen Investmentklassen hängt – wie in diesem Kapitel beschrieben – von einer Fülle von Aspekten und den individuellen Lebensumständen und Vorlieben jedes Sparers ab. **Beispielhaft** könnte sie, ausgehend vom Lebensalter, so aussehen:

- **25 Jahre:** Bis zum Eintritt in den Ruhestand sind es noch viele Jahrzehnte. Deshalb darf der Anteil von Anlagen, die relativ riskant, zugleich aber auch besonders renditeträchtig sind, hoch liegen:

Aktien & aktienbasierte Wertpapiere	50 bis 55 Prozent
Renten & rentenbasierte Wertpapiere	15 Prozent
Immobilien & Immobilienanlagen	20 Prozent
Edelmetalle & Rohstoffe	10 bis 15 Prozent

- **40 Jahre:** Mitten im Berufsleben kann es Sinn machen, das Chance-Risiko-Profil tendenziell zu entschärfen, also den Aktienanteil nach und nach zu senken:

Aktien & aktienbasierte Wertpapiere	35 bis 40 Prozent
Renten & rentenbasierte Wertpapiere	20 Prozent
Immobilien & Immobilienanlagen	30 Prozent
Edelmetalle & Rohstoffe	10 bis 15 Prozent

- **60 Jahre:** Wenige Jahre vor Beginn des regulären Ruhestands sollte die Geldanlage sicherer sein:

Aktien & aktienbasierte Wertpapiere	25 bis 30 Prozent
Renten & rentenbasierte Wertpapiere	20 Prozent
Immobilien & Immobilienanlagen	40 Prozent
Edelmetalle & Rohstoffe	10 bis 15 Prozent

Grundsätzlich sollten Investoren berücksichtigen, dass es heute viele Wertpapiere gibt, die zwischen den vier genannten Anlageformen Brücken schlagen. Das kann die Asset Allocation, sofern man nicht genau hinsieht, erschweren. Es gibt beispielsweise **Rohstoff-Aktien** (also Wertpapiere, die zwei Bereiche in einem abdecken, nämlich Aktien und Rohstoffe) und **Immobilien-Aktien** (Aktien und Immobilien). **Mischfonds, Dachfonds** oder sogenannte **Target-Fonds** (Kapitel 15) decken in der Regel mehrere Asset-Klassen ab.

Eine mittlerweile populäre Gruppe sind **Garantieprodukte** wie **Garantiefonds** und **Garantiezertifikate**, die ebenfalls Elemente von Aktien und anderen, sichereren Anlagen unter einen Hut zu bringen versuchen. Wie der Name schon andeutet: Bei dieser Investment-Variante, die von vielen Banken und Finanzdienstleistern intensiv vermarktet wird, ist von vornherein sichergestellt (»garantiert«), dass man sein Anlagekapital nicht verlieren kann – oder nur einen sehr kleinen Teil. Das klingt für viele Menschen auf Anhieb sympathisch, suggeriert es doch, dass man mit einer Art Vollkasko-Schutz investiert und sein Geld tatsächlich nicht verlieren, gleichzeitig aber mehren kann.

Vergessen darf man dabei nicht, dass im Gegenzug für diese Kapitalgarantie meist der potenziell erzielbare Zugewinn übersichtlicher ausfällt. Die Garantie wird also mit einer Deckelung der möglichen Rendite »bezahlt«. Zudem bezieht sich die Garantie oft nur auf ein Datum in der fernen Zukunft. Wer vorher Geld braucht und verkauft, hat nichts davon und macht trotzdem Verlust.

Eines der vier Anlagesegmente, Immobilien, wurde bereits im elften Kapitel dieses Buches angesprochen. In den folgenden fünf Kapiteln geht es nun im Detail um die übrigen Segmente im Investment-Universum.

Kapitel 13:

Aktien

In den vergangenen Jahrzehnten haben Banken, Fondsgesellschaften und auch die Medien immer wieder zwei Dinge suggeriert. Erstens: Ohne Aktien klappe die Altersvorsorge nicht oder nicht ausreichend, da sie absolut und relativ – also im Vergleich mit anderen Anlageformen – im Schnitt die **höchste Rendite** abwürfen. Zweitens: Direktinvestments in Aktien seien für Privatanleger höchst problematisch. Das **Risiko** bei der Auswahl einzelner Aktienpositionen sei extrem hoch, so dass Aktienfonds oder Indexscheine praktisch immer die vorzuziehenden Wertpapierklassen seien.

Beide Aussagen gelten meines Erachtens nach den Erfahrungen der vergangenen drei Jahre nicht mehr in dieser Absolutheit. Sie sind aus heutiger Sicht zumindest problematisch:

• Ich bin grundsätzlich nach wie vor der festen Überzeugung, dass Aktien und aktienbasierte Investments in der Tat eine wichtige Säule der Altersvorsorge darstellen. Jeder Sparer sollte auf die eine oder andere Art am Geschehen am Aktienmarkt teilnehmen. Doch dies liegt keineswegs nur an der höheren **Rendite**. Denn liegt die Rendite von Aktien-Investments im langjährigen Mittel tatsächlich, wie oft in den Medien und von Fondsgesellschaften behauptet, höher als die aller anderen Anlageklassen? Das ist nicht eindeutig.

Eines stimmt: Im längjährigen Mittel – mit »langjährig« sind an dieser Stelle mehrere Jahrzehnte gemeint – liegt die durchschnittliche jährliche Wertentwicklung von Aktien irgendwo zwischen sieben und neun Prozent. Der genaue Wert hängt vom Markt ab, den man betrachtet, und vom Zeitraum. Das ist in der Tat mehr, als Anleihen und Immobilien (jedenfalls in Deutschland) in der Vergangenheit im Mittel abgeworfen haben. Dennoch gibt es infolge der jüngsten Börsenturbulenzen eine bedenkliche Einschränkung. Betrachtet man beispielsweise das Jahrzehnt von Anfang 1999 bis Anfang 2009, sieht die Sache ganz anders aus: Der amerikanische S&P 500-Index, einer der wichtigsten Aktienindizes der Welt, liegt in diesem Zeitraum Jahr für Jahr inflationsbereinigt bei einer Rendite von minus fünf Prozent. Lässt man die Inflation außen vor, sind es immerhin noch plus 0,5 Prozent im Jahr – auch dies ein Ergebnis, das einem geduldigen Investor keineswegs vor Freude den Atem raubt. Es ist die hässlichste Zehn-Jahres-Performance der Börsengeschichte.

Privatanleger können – und müssen – hieraus den Schluss

ziehen, dass langfristige Aktien-Engagements keineswegs automatisch eine tolle Sache sind. Mitunter sind sie sogar höchst untoll. Wer eine sogenannte Buy-and-hold-Strategie verfolgt, wie sie etwa der in Deutschland recht berühmte, 1999 verstorbene Investor André Kostolany mitunter empfohlen hat, kann damit unangenehm viel Geld verlieren.

Eines sollte man vor diesem Hintergrund nicht vergessen: Der Zeitraum von 1999 bis 2009 stellt mit recht großer Wahrscheinlichkeit eine negative Ausnahme dar. Hinzu kommt, dass es bei Aktien-Investments für Privatanleger eben nicht nur um die Rendite gehen sollte, sondern auch um die Mischung von Anlageformen und die damit verbundene Streuung von Risiken, die im vorhergehenden Kapitel bereits beschrieben wurde. Wer Aktien gezielt außen vor lässt, lässt eine gute Gelegenheit verstreichen, sein Erspartes risikomindernd zu diversifizieren.

• Was ist mit der eingangs erwähnten zweiten These? Sind **Einzelinvestments** wirklich so riskant, wie sie gerade von Anlageberatern immer wieder dargestellt werden?

Auch hier lautet die Antwort nicht eindeutig ja, sondern jein. Für eine ganze Reihe von Privatanlegern sind Direktinvestments nicht optimal und Fonds oder andere aktienbasierte Wertpapiere eine geeignetere Sparform; für viele andere nicht, denn auch Fonds weisen spezifische Nachteile und Schwächen auf. Ich bin heute überzeugt, dass für viele Menschen die **Direktanlage** in Aktien die bessere Wahl ist, sofern sie einige einfache, extrem wichtige Grundregeln nicht ignorieren. Mir ist klar, dass dieser Satz bei vielen Menschen – egal ob beruflich mit dem Thema Geldanlage befasst oder nicht – Befremden auslösen wird. Er geht eindeutig gegen die Mehrheitsmeinung. Bei Aktien, das meinen die meisten zu wissen (spätestens seit der Sache mit der Telekom), seien die Risiken immer gewaltig, die Verluste hoch und so weiter. Eine etwas tiefer gehende Erklärung scheint mir daher angebracht zu sein.

Ich will keineswegs anregen, beim Sparen und Anlegen übermäßige Risiken einzugehen. Vielmehr meine ich, dass man Aktien ohne übertriebene Skepsis, Euphorie oder Hysterie betrachten und sich mit Umsicht für diese Anlageform erwärmen sollte. Wer systematisch auf Aktien oder aktienbasierte Wertpapiere verzichtet, hat es bei der Altersvorsorge schlicht viel schwerer. Die Wahrscheinlichkeit ist recht hoch, dass so ein Sparer im Laufe einiger Jahrzehnte nur einen dürftigen Vermögenszuwachs erfährt.

Dabei kann man jedoch – da haben Kritiker recht – mühelos eine ganze Menge falsch machen. Daher ist dieses Kapitel im Kern eine Einführung in die Aktienanlage: Warum? Wie? Und genauso wichtig: Wie, bitte, nicht?

Die Direktanlage in Aktien hat im Vergleich mit Fondsinvestments eine ganze Reihe von **Vorzügen**:

• Sie ist **kostengünstig**. Der Kauf oder Verkauf einer einzelnen Position kostet bei vielen Online-Banken und -Brokern lediglich eine Pauschale von zehn Euro oder weniger. Dies gilt oft bei Transaktionen bis in den fünfstelligen Bereich hinein. Konkret bedeutet das: Wer auf einen Schlag Aktien eines Unternehmens für 1000 Euro kauft, zahlt Gebühren um zehn Euro; wer für 10 000 Euro kauft, zahlt ebenfalls zehn Euro. Damit entsprechen die Transaktionsgebühren in diesen Beispielen ungefähr ein Prozent beziehungsweise sogar nur 0,1 Prozent der Anlagesumme. Das ist ein sehr niedriger Satz. Bei den meisten anderen Formen der Vermögensbildung liegen die Gebühren um ein Vielfaches höher, etwa bei der Mehrzahl der Investmentfonds (Kapitel 15) und bei Kapital-Lebensversicherungen (Kapitel 10).

• Wer Aktien besitzt, kann sie in der Regel jederzeit zum Marktwert, der Handelsminute für Handelsminute an den Börsen ermittelt wird, liquidieren, also »**flüssig machen**«. Dies ist bei den meisten Spar-Klassikern in Deutschland – zum Beispiel bei Bausparvertrag, Kapital-Lebensversicherung, Riester- und Rürup-Rente – kurzfristig überhaupt nicht möglich oder nur mit erheblichen finanziellen Einbußen.

• Aktien haben in der Vergangenheit langfristig **hohe Renditen** erzielt. Dies schließt nicht aus, dass es auch einmal eine Schwächephase geben kann – etwa das oben bereits erwähnte Fiasko-Jahrzehnt von Anfang 1999 bis Anfang 2009 –, und ist selbstverständlich keine Garantie dafür, dass die Renditen in Zukunft hoch sein werden. Immerhin gibt die im Schnitt hohe Wertsteigerung von Aktien-Investments aber ein starkes Indiz für das Ertragspotenzial dieser Wertpapiere ab.

- Die **Gesamtrendite** einer Aktienanlage setzt sich aus zwei Komponenten zusammen. Zum einen hoffen Aktionäre, dass ihre Anteilscheine in Zukunft eine **Kurssteigerung** aufweisen. Zum anderen schütten viele Aktiengesellschaften (aber nicht alle) einen Teil ihrer Gewinne in Form von **Dividenden** an die Aktionäre aus. Solche Aktien werfen regelmäßig einen Ertrag ab, gewissermaßen eine »Verzinsung«. Bei deutschen Unternehmen wird die Dividende überwiegend im zweiten Quartal eines Kalenderjahres gezahlt. Ausländische Gesellschaften schütten oft zweimal, viermal oder gar zwölfmal jährlich aus. Diese »Verzinsung« bezeichnet man auch als **Dividendenrendite**, eine der wichtigen Kennzahlen bei der Aktienanalyse. Ein Beispiel: RWE, einer der größten Stromkonzerne in Europa, zahlte im April 2014 für das Geschäftsjahr 2013 eine Dividende von einem Euro je Aktie aus. Wer 40 Aktien im Wert von damals insgesamt rund 1150 Euro besaß, erhielt auf seinem Konto also eine Gutschrift von 40 Euro (vor Steuern). Dies entsprach zum damaligen Zeitpunkt einer jährlichen Dividendenrendite von 3,5 Prozent (eins geteilt durch 28,80 Euro) – also mehr als beispielsweise die Verzinsung von Tagesgeldkonten oder Sparbüchern.

Prinzipiell sollte man, wenn man für den systematischen Vermögensaufbau auf Aktien-Investments setzen möchte, weniger auf eine rasante Wertsteigerung hoffen – ein Ansatz, der in den vergangenen drei Jahrzehnten bei einigen Anlegern im Vordergrund stand und der zuletzt oftmals enttäuscht wurde. Ein Fokus auf die »Verzinsung« von Aktien, also die regelmäßige Einkommensgenerierung per Dividendenausschüttung, scheint mir vernünftiger zu sein – und Erfolg versprechender.

Die Direktanlage in Aktien birgt jedoch auch erhebliche **Unsicherheitsfaktoren** und **Risiken**. Die sind nicht jedermanns Sache, erst recht nicht in Deutschland, wo viele Anleger traditionell außerordentlich sicherheitsorientiert agieren. Aktionäre sind Eigentümer eines börsennotierten Unternehmens. In dieser Rolle nutzen sie alle finanziellen Chancen, die mit Unternehmertum verbunden sind, aber sie sind auch den Gefahren ausgesetzt:

• Aktien können jederzeit **im Wert fallen**, und zwar erheblich – zum Beispiel, wenn die neuesten Unternehmenszahlen schlechter als erwartet ausfallen oder weil die gesamte Börse schwächelt. Dies gilt nicht nur von einem Tag auf den anderen, sondern auch **langfristig**. Aktien können in sogenannten Baissephasen mehrere Jahre in Folge an Wert verlieren. Dies war beispielsweise zwischen Frühjahr 2000 und Frühjahr 2003 der Fall, also drei Jahre hindurch. Die Schwächephase im Zuge der jüngsten Weltwirtschaftskrise begann im Sommer 2007 und dauerte bis Anfang 2009. Die in der Vergangenheit oft propagierte Buy-and-hold-Strategie (»Kaufen und Abwarten«) hat sich für viele Anleger nicht nur als Verlustbringer erwiesen, sondern auch als beträchtliche Belastung für das Nervenkostüm. Selbst wer viel Geduld mitbringt, kann mit seinen Investments viel Geld verlieren.

• Aktiengesellschaften können in eine existenzielle Schieflage geraten oder **pleitegehen**, was für ihre Aktionäre praktisch einem Totalverlust gleichkommt. In den Jahren 2008 und 2009 wurde deutlich, dass dies keineswegs nur kleine und kleinste Unternehmen treffen kann, sondern auch große und größte. Schlagzeilenträchtige Beispiele waren die Banken Lehman Brothers, Hypo Real Estate, Royal Bank of Scotland und HBOS; AIG, der bis 2008 größte Versicherungskonzern der Welt; die gigantischen US-Immobilienfinanzierer Fannie Mae und Freddie Mac; die Autobauer Chrysler und General Motors. Die Aktionäre all dieser Unternehmen – und vieler anderer – mussten Wertverluste zwischen 90 und 100 Prozent ihres investierten Geldes verkraften. Eine Katastrophe.

• Anleger laufen Gefahr, auf die **falschen** Aktien zu setzen, aus welchen Gründen – Unwissen, schlechte Berater, schlichtes Pech – auch immer. Mitunter boomt die Börse, das eigene Vermögen verliert jedoch an Wert.

• **Dividenden** – die Gewinnausschüttungen börsennotierter Unternehmen an ihre Anteilseigner – stellen oftmals einen großen Teil der Gesamtrendite von Aktien-Investments dar. Doch Dividenden können, wenn die Geschäfte schlecht laufen, gekürzt oder vollständig gestrichen werden. Die Veröffentlichung einer Dividendenkürzung oder -aussetzung lässt nicht nur das Kapitaleinkommen des Anlegers schrumpfen, sondern in der Regel auch den Aktienkurs des jeweiligen Unternehmens abstürzen. Der Investor ist also doppelt in Mitleidenschaft gezogen.

• Die Direktanlage in **Aktien** macht darüber hinaus Arbeit. Das ist vielen ein Graus. Wer auf Investmentfonds setzt (Kapitel 15), hat den Vorteil, sich nicht selbst um Aktienauswahl und um die Depotpflege kümmern zu müssen.

Diese Liste der Unsicherheitsfaktoren und Risiken klingt zugegebenermaßen alles andere als appetitlich. Ganz so drastisch ist die Sache in Wirklichkeit jedoch nicht. Denn jeder Privatanleger kann die Wahrscheinlichkeit eines Fiaskos mit dem in Eigenregie gebauten Aktien-Depot deutlich verringern, indem er einige elementare **Vorsichtsmaßnahmen** beachtet.

• Grundsätzlich sollte man im Rahmen einer sinnvollen **Asset Allocation** (Kapitel 12) nur einen prozentual begrenzten, von Anfang an klar definierten Teil des Anlagevermögens in Aktien stecken. Steigen die Aktienkurse (und steigt damit der prozentuale Anteil von Aktien am Gesamtvermögen), sollte man die Allokation anpassen – tendenziell also Aktien verkaufen, um die Asset Allocation im Großen und Ganzen konstant zu halten. Bei fallenden Börsenkursen sollte man umgekehrt vorgehen.

• Wer direkt in Aktien investiert, sollte unbedingt **diversifizieren**, also das Anlagerisiko verteilen, streuen – und so senken. Eine Diversifizierung empfiehlt sich im Hinblick auf mehrere Parameter:

Erstens: Man sollte das für Aktien-Investments zur Verfügung stehende Kapital auf **mindestens zehn Positionen** verteilen. Wo genau bei der Anzahl der Positionen die Obergrenze liegen sollte, ist meines Erachtens Geschmackssache. Einige

Dividenden

- Der wichtigste Termin im Laufe des Jahres ist für Aktionäre die **Hauptversammlung**. Auf ihr wird das vorangegangene Geschäftsjahr unter die Lupe genommen und unter anderem die Gewinnausschüttung des Unternehmens – also die Dividendenzahlung je Aktie – beschlossen. Oft (aber nicht immer) gibt die Dividendenzahlung des Vorjahrs ein Indiz für die zu erwartende Zahlung. Man kann sie in den Finanzteilen vieler großer Zeitungen und im Internet problemlos recherchieren.

- Aber: Die Dividende kann von Geschäftsjahr zu Geschäftsjahr **schwanken**. Geht es einem Unternehmen wirtschaftlich blendend, kann sie deutlich steigen – und umgekehrt. In Krisenzeiten kann die Zahlung ganz ausgesetzt werden.

- Viele Aktiengesellschaften verfolgen eine andere Firmenpolitik: Obwohl sie hoch profitabel sind, zahlen sie **keine Dividende**. Dies ist meist bei Unternehmen in Branchen der Fall, die besonders schnell wachsen. Das Management investiert die Erträge dann lieber, statt sie an die Aktionäre auszuschütten. Es erhöht damit im Idealfall – Ausnahmen bestätigen die Regel – die langfristige Ertragsprognose.

- Die praktische Seite: Viele Menschen haben keine Vorstellung davon, wie sie, sofern sie Aktien besitzen, ihre Dividenden erhalten. Das ist denkbar einfach: Die Ausschüttung wird **automatisch** an alle Aktionäre überwiesen, selbst an die im Ausland. Sie geht (bei deutschen Gesellschaften) in der Regel einige Tage nach der Hauptversammlung auf dem

---

Girokonto ein, das mit dem Aktien-Depot verknüpft ist. Bei ausländischen Gesellschaften kann es länger dauern.

- Unterschiedlich werden mitunter **Stamm- und Vorzugs-aktien** behandelt. Stammaktien, kurz »Stämme« genannt, sind gewissermaßen die »normalen« Anteilscheine an einem Unternehmen. Wer sie besitzt, hat ein Stimmrecht auf der Hauptversammlung und kommt in den Genuss der regulären Dividende. Vorzugsaktien (»Vorzüge«) sind nicht stimmberechtigt, erhalten im Gegenzug aber eine höhere und sicherere (»bevorzugte«) Ausschüttung.

Experten raten gelegentlich, nicht mehr als 30 verschiedene Unternehmen im Portfolio zu haben, da man sonst den Überblick verlieren könnte. Ein relevanter Punkt, aber – wie gesagt – im Kern eine Frage des persönlichen Geschmacks. Ich selbst würde mich auch mit 50 wohlfühlen, falle allerdings in die Gruppe derjenigen, die sich gern und oft mit der Börse beschäftigen – für den Durchschnittsanleger im Lande eine eher untypische Neigung. Generell gilt: Je höher die Anzahl der Positionen, umso besser wird das Risiko gestreut und gemindert.

Doch egal, ob man am Ende zehn, dreißig oder fünfzig verschiedene Aktien besitzt: Es geht immer darum, das Risiko des Einzelinvestments in vertretbaren Grenzen zu halten. Der Kurs jedes Unternehmens kann – zum Beispiel wenn die Geschäftszahlen unerwartet schlecht ausfallen – mühelos an einem einzigen Tag um 20 Prozent abstürzen, allerdings bei positiven

Überraschungen auch sportlich steigen. Natürlich ist ein Kurssturz alles andere als lustig. Das Verlustrisiko aus einem solchen Unfall wird durch die Diversifizierung aber von vornherein begrenzt. Hat man beispielsweise zehn gleich große Aktien-Positionen im Depot, und ein Einzelwert bricht um 20 Prozent ein, während die anderen Kurse sich nicht verändern, verursacht das unterm Strich eben nur einen Verlust von zwei Prozent. Auch das ist nicht schön, allerdings keine Katastrophe.

Zweitens: Man sollte seine Aktienanlagen immer auf viele **verschiedene Branchen** verteilen, um ein Klumpenrisiko (so lautet tatsächlich der Fachbegriff) auszuschließen. Wer zum Beispiel eine Schwäche für Telekommunikations-Werte hat, die oftmals relativ schwankungsarm sind und recht hohe Dividenden ausschütten, kann unter die Räder geraten, wenn ausgerechnet dieser Sektor eine Schwächephase durchmacht. Viel umsichtiger ist es, Aktien gezielt aus unterschiedlichen Branchen auszuwählen. Die Wahrscheinlichkeit, dass an den Börsen sämtliche Branchen gleichzeitig in Ungnade fallen, ist deutlich geringer.

Drittens sollte man seine Anlagen immer auf **verschiedene Länder und Weltregionen** verteilen. Anleger rund um den Globus laufen stets Gefahr, sich bevorzugt für Aktiengesellschaften aus dem eigenen Land zu entscheiden – einfach, weil sie mit deren Namen und Geschäften vertrauter sind. Den Münchener Versicherungskonzern Allianz kennt in Deutschland fast jeder; die europäischen (und ebenfalls sehr großen) Wettbewerber AXA in Frankreich oder Generali in Italien sind dagegen schon keine Haushaltsnamen mehr. Möglicherweise sind aber gerade die ausländischen Unternehmen einer Branche viel besser aufgestellt und günstiger bewertet, mit deren Namen man nicht ganz so vertraut ist. Wer als deutscher Investor grundsätzlich immer einen Großteil seines Geldes in deutsche Werte investiert, macht mit großer Wahrscheinlichkeit einen Fehler. Dies gilt, so eine Studie der Fondsgesellschaft Schroders, für ungefähr 80 Prozent der bundesdeutschen Anleger.

Eine hilfreiche Faustregel: Auf deutsche Aktien können fünf bis zehn Prozent des gesamten Aktien-Portfolios entfallen; ist der Prozentsatz höher, steigt das Klumpenrisiko. Wer etwa ein Drittel seines für Aktien vorgesehenen Geldes in europäische Firmen steckt, ein weiteres Drittel in amerikanische, den Rest in Schwellenländer wie China, Indien und Brasilien, handelt bei der Diversifizierung deutlich umsichtiger als der Deutschland-Aficionado.

- Unternehmen, die keinen Gewinn erzielen, können aus Investoren-Sicht spekulativ-sexy sein; sie sind jedoch auch riskant und volatil – ihr Aktienkurs kann extrem schwanken. Wer im Alleingang zehn Aktien für sein Depot auswählt, sollte sich auf **profitable Gesellschaften** konzentrieren. Je höher und je stetiger der Gewinn, umso besser.

- Eine **hohe Dividendenrendite** ist in der Regel ein gutes Kaufargument für eine Aktie. Unter »hoch« verstehe ich eine Spanne zwischen drei und sechs Prozent im Jahr. Eine »optisch« verlockende Dividendenrendite von, sagen wir, elf Prozent kann darauf hindeuten, dass die Börse in naher Zukunft mit einer Kürzung oder Streichung rechnet. In solchen Fällen sollte man extrem vorsichtig sein.

• Großunternehmen – sogenannte **Blue Chips** – sind meistens deutlich sicherer als spekulative Klein- und Kleinstwerte. Was genau mit diesem Begriff gemeint ist, wird unterschiedlich definiert. Für mich (und viele andere Börsenbeobachter) ist ein Blue Chip eine Aktiengesellschaft, die auf einen Börsenwert von mehr als fünf Milliarden Dollar kommt, was zurzeit ungefähr 3,6 Milliarden Euro entspricht.

• Es ist immer sinnvoll, in ein Geschäft zu investieren, **das man versteht**, beispielsweise weil man berufliche Erfahrung damit hat. Umgekehrt bedeutet das: Bei Aktien in Branchen und Geschäftsfeldern, in denen man eben kein Experte ist, sollte man im Zweifel Vorsicht walten lassen. Ich selbst habe beispielsweise das Gefühl, keinerlei Gespür für Technologieaktien – damit meine ich Softwarefirmen, Handy- und Halbleiter-Produzenten und Computerbauer – zu haben. Ich verstehe nichts von dieser Branche, werde es vermutlich auch nie und halte mich bei Aktien aus diesen Segmenten zurück. Wer aber seit Jahren in einer bestimmten Branche tätig ist und Ahnung hat – egal, ob es sich nun um Telekommunikation, Mode oder Heizkraftwerke handelt –, kann durchaus ein treffsicheres Gespür dafür entwickeln, welche Firmen florieren werden und welche nicht.

• Hat eine Aktiengesellschaft, die man auf den ersten Blick interessant findet, ein langfristig überzeugendes **Geschäfts-**

modell, kann dies ein gutes Indiz für eine Kaufrecherche sein. Wird die Welt in zehn Jahren noch Konsumgüter oder Energie- und Telekomkonzerne brauchen? Ich glaube ja. Bei anderen Unternehmen – etwa in den Bereichen Technologie und Mode – sind die Fragezeichen größer. Noch vor wenigen Jahren waren Nokia und Research in Motion, der Hersteller von Blackberry-Geräten, phänomenal erfolgreich. Inzwischen sind sie ein Schatten ihrer selbst. Auch an den Börsen.

• Eine der wichtigsten technischen Kennzahlen bei der Aktienauswahl ist das **Kurs-Gewinn-Verhältnis**, kurz **KGV** genannt. Es setzt den Gewinn eines Unternehmens (umgerechnet auf eine einzelne Aktie) ins Verhältnis zum aktuellen Aktienkurs. Das KGV schwankt also ständig, wenngleich nicht rasant. Ein Beispiel: Im April 2014 kostete eine Aktie der Deutsche Telekom ungefähr 11,30 Euro. Der für das Geschäftsjahr erwartete Gewinn je Aktie lag um 63 Cent (wobei dies eine Schätzung ist; der wirklich erzielte Gewinn kann niedriger oder höher ausfallen). Aus diesen beiden Kennziffern ergibt sich ein KGV von knapp 18 (11,30 geteilt durch 0,63 Euro). Dies ist ein vergleichsweise hoher Wert. Im langjährigen Mittel liegt das KGV bei deutschen Aktien etwa bei 15. Ein Wert darunter ist tendenziell ein Kaufsignal (die Aktie ist »billig«), ein höheres KGV signalisiert eher eine »teure« Aktie. Doch was ist, wenn Unternehmen rote Zahlen schreiben, also keinen Gewinn erzielen, mit dem man das Kurs-Gewinn-Verhältnis berechnen könnte? In diesen Fällen gibt es kein KGV (oder, mathematisch betrachtet, ein negatives). Praktischerweise werden KGVs in vielen Wirtschaftsmedien veröffentlicht. Bei einem Verlust steht an dieser Stelle oft ein »V«.

Beachten sollte man bei dieser wichtigen Kennzahl aber eines: Gerade in Zeiten eines Konjunktureinbruchs und einer sich abzeichnenden Rezession sind die KGVs vieler Aktien oft »optisch« niedrig – sie liegen zum Beispiel bei sechs oder acht. Das mag auf den ersten Blick spottbillig aussehen, ist aber keineswegs automatisch ein Indiz für eine günstig bewertete Aktie. Vielmehr deutet dieser ungewöhnlich niedrige Wert darauf hin, dass die Marktteilnehmer mit einem drastischen Gewinneinbruch bei dem betreffenden Unternehmen rechnen. Umgekehrt kann unmittelbar vor einem neuen wirtschaftlichen Aufschwung, wenn die Unternehmensgewinne ihren Tiefstand erreicht haben, das KGV optisch hoch wirken, was einen ebenfalls nicht irritieren sollte. Diese KGV-Ausrutscher in wirtschaftlichen Umbruchphasen sollte man, wenn man sich diese wichtige Kennzahl ansieht, stets im Hinterkopf behalten.

• Die komplizierteste Aktien-Kennzahl, die ich in diesem Kapitel nennen und erklären möchte, ist der sogenannte **Buchwert** eines Unternehmens. Der lässt sich am besten mit Hilfe eines Beispiels erklären: eines Nachbarn, der mit einem originellen Angebot zu Ihnen kommt. Er bietet Ihnen an, absolut alles, was er besitzt, für einen Pauschalpreis zu übernehmen – und zwar nicht nur alle »anfassbaren« Dinge (Haus, Auto, Möbel, Kleidung, Kleinkram, Müll), sondern auch die nicht anfassbaren (Lebensversicherungen, Sparguthaben, Kontostand, Patente und so weiter). Auch die Schulden würde Ihr Nachbar Ihnen gern übertragen – also etwa den genutzten Dispo, die Hypothek, Darlehen bei Eltern und Freunden. Die entscheidende Frage lautet: Wann lohnt es sich, das Angebot dieses Nachbarn anzunehmen?

Die Antwort steht und fällt mit dem Wert des Vermögens Ihres Nachbarn – und natürlich mit dem Preisvorschlag, den er Ihnen macht. Ist der Mann unterm Strich Millionär und bietet Ihnen alles – absolut alles – für 500 000 Euro an, wäre das eine einmalige Gelegenheit für Sie. Hat er unterm Strich mehr Schulden als Vermögen und will er Ihnen alles für einen Euro überlassen, wäre es dagegen nicht so clever einzuschlagen. Kurz: Ob es sich um ein verlockendes oder ein schlechtes Angebot handelt, hängt immer von den Umständen ab – und selbst dann gibt es Unsicherheiten: Ist der Gebrauchtwagen, den Sie vom Nachbarn übernehmen sollen, wirklich, wie behauptet, 15 000 Euro wert? Oder doch eher 5000 Euro?

Ganz ähnlich funktioniert bei Aktiengesellschaften die Kennziffer Buchwert. Er berücksichtigt das gesamte Vermögen des Unternehmens, auch die Schulden, und ist in den Medien recht einfach zu recherchieren. Liegt nun der Börsenwert dieses Unternehmens (die sogenannte Marktkapitalisierung) unter dem Buchwert, deutet das auf ein Kaufsignal hin, das man sich näher anschauen sollte. Es gibt immer wieder Phasen, in denen der Börsenwert deutlich unter dem Buchwert liegt, mitunter – wenngleich dies selten vorkommt – nur bei 30 Prozent. Dies können oft genau jene Phasen sein, in denen sich ein Einstieg am meisten lohnt.

Auch beim Buchwert gibt es jedoch zwei Fallen. Die erste betrifft Werte, die in der Regel schwer exakt zu messen sind, etwa die von weltberühmten Marken wie Coca-Cola oder McDonald's. Sollte man dafür zwei Milliarden Dollar Buchwert veranschlagen oder doch besser zwanzig oder gar zweihundert? Das ist nicht leicht zu beantworten. Zweitens: Der Buchwert eines Unternehmens kann sinken. Dies ist insbesondere dann der Fall, wenn die Firma Verluste schreibt und/oder Abschreibungen vornehmen muss.

• So banal dies für jeden, der schon Erfahrungen mit Aktien gesammelt hat, klingen muss: Das **Timing** – also der Zeitpunkt des Einstiegs (Kauf) und des Ausstiegs (Verkauf) – ist bei Aktien entscheidend. Im Prinzip ist allen Marktteilnehmern klar, wie es geht: Kaufen, wenn die Kurse niedrig sind; verkaufen, wenn sie ihren Höhepunkt erreicht haben. Doch die Praxis ist ausgesprochen schwierig. Insbesondere Privatanleger haben eine gewisse Neigung, ihr Timing immer wieder zu vermasseln. Viele von ihnen steigen ein, wenn die Kurse schon wieder 50 Prozent über dem Tiefstand stehen, und sie steigen wieder aus, wenn die Kurse um 50 Prozent eingebrochen sind. So ein Vorgehen ist psychologisch sicher nachvollziehbar – wir sind alle Menschen und mit Gefühlen und einem vollautomatischen Intuitionssystem ausgestattet. Dennoch macht, wer so vorgeht, etwas Großes falsch. Wer sein Timing mehrere Börsenzyklen hindurch vergeigt, hat ein teures Hobby und irgendwann, versteht sich, kein Geld mehr.

Bedauerlicherweise gibt es kein Patentrezept für das optimale (oder zumindest für ein einigermaßen gelungenes) Timing. Den besten Zeitpunkt trifft man nie. An der Börse, lautet eine treffende Maxime, wird zum Ein- und Ausstieg nicht geklingelt. Erst im Rückblick ist man schlauer: So wissen wir heute, dass der März des Jahres 2000 und der Sommer 2007 ideal waren, um die persönliche Aktienquote auf null zu stellen, also alles zu verkaufen. Leider kann man hieraus kaum Schlüsse für die Zukunft ziehen.

Sicher ist, dass das richtige Timing Nervenstärke erfordert. Dies liegt an einer Besonderheit der menschlichen Psychologie. Viele Studien haben, etwas platt formuliert, eines gezeigt: Gewinne machen Anleger glücklich, Verluste aber noch viel unglücklicher. Ein Beispiel verdeutlicht das. Angenommen, ein Anfangsinvestment von 1000 Euro steigt im Laufe eines Jahres auf einen Marktwert von 1200 Euro. Der Zugewinn von 200 Euro (ohne Spesen) entspricht einer Jahresrendite von 20 Prozent – ein tolles Ergebnis, das fast jeden Anleger zufriedenstellen dürfte. Doch was ist in dem anderen Fall, in dem der Wert des Investments auf 800 Euro abrutscht? Der Verlust von 200 Euro ist hässlich, logisch. Entscheidend ist an dieser Stelle aber etwas anderes: Die Intensität des Verlustgefühls von 200 Euro ist bei fast allen Menschen deutlich höher als die Intensität der Freude über einen Gewinn in gleicher Höhe. Anders gesagt: Börsenstürze machen uns schnell hysterisch; im Boom gewöhnen wir uns bald daran, auf dem Papier reicher geworden zu sein. Aus dieser Besonderheit unseres Denkens und Fühlens erklärt sich auch, warum so viele Menschen sich erst von ihren Aktien trennen, wenn sie die Hälfte ihres Wer-

tes – und oft noch mehr – verloren haben. (»Jetzt reicht es endgültig.«) Sie sind ihren Verlustschmerzen erlegen.

Es gibt allerdings ein brauchbares Indiz dafür, dass der richtige Zeitpunkt für den Kauf von Aktien gekommen sein könnte: Wenn an den Börsen Panik und Weltuntergangsstimmung
herrschen und niemand daran glaubt, dass die Kurse jemals wieder steigen könnten. Im Frühjahr 2003, nach dem Platzen der
New-Economy-Blase, war so ein Zeitpunkt; im März des Jahres 2009 ein weiterer.

- Stellen Sie sicher, dass Sie bei der Auswahl möglicher Aktien-Investments nicht auf eine **Anlagemode** reinfallen (eine
ausführliche Erörterung dieses wichtigen Themas folgt in Kapitel 18). Geldanlagen unterliegen genauso Moden wie die
Bekleidungsindustrie. Meines Erachtens sollte man ganz genau zuhören, wenn in einem Beratungsgespräch bei der Bank
Formulierungen fallen wie »Wachstumsmarkt der Zukunft«,
»Superzyklus«, »historische Chance« und so weiter. Nicht
um zu kaufen natürlich, im Gegenteil. Allein in den vergangenen 15 Jahren galten das Internet im Allgemeinen und
Social-Media-Unternehmen im Besonderen, Handy-Her-
steller, China, Indien, Brasilien, die Schwellenmärkte allgemein, Rohstoff-Investments, Öl, Wasser (das angebliche »Öl
der Zukunft«), Solarenergie, Windenergie und einige andere
Sektoren als fantastische Investment-Ideen – also als klassische Anlagemoden. In den 1970er-Jahren traf dies auf Plas-
tikproduzenten zu, in den 1950ern waren es Fluggesellschaf-
ten, in den 1930ern Ölkonzerne, in den 1840ern – in England

und in den USA – Eisenbahngesellschaften. Kurz: Jede Zeit hat ihre eigenen Moden, und man tut gut daran, sich in Sachen Geldanlagen fern von ihnen zu halten und stets genau das zu verkaufen, was gerade en vogue ist. Moden kommen und gehen. Kaufen sollte man antizyklisch: also genau das, was gerade wirklich niemand haben will, zu keinem Preis der Welt, und sei er noch so niedrig.

Stellen wir die Frage zum Schluss dieses Kapitels einmal anders herum: Was sollte bei der Auswahl der Aktien, die man sich ins Depot holen möchte, eigentlich *keine* Rolle spielen? Eine ganze Menge, vor allem aber **Empfehlungen** von Analysten und in der Presse. (Auch ich bin im Hauptberuf seit langem Journalist und habe die eine oder andere Empfehlung abgegeben. Auch bei mir sollte jeder selbstverständlich alles kritisch hinterfragen.) Im Großen und Ganzen sind diese Empfehlungen schlicht irrelevant. Das gilt leider auch für die Aktien-Tipps, die einem Bankberater nahelegen.

Um es abschließend noch einmal klar zu formulieren: Mit den genannten Auswahlkriterien und Vorsichtsmaßnahmen kann das Direktinvestment in Aktien langfristig lukrativ sein – und zusätzlich kurzweilig und horizont-erweiternd. Es ist aber noch lange keine Garantie für Anlageerfolg.

Wer dagegen alle Vorsichtsmaßnahmen in den Wind schlägt und meint, alle seine Ersparnisse in ein einziges Unternehmen stecken zu müssen, das möglicherweise zudem rote Zahlen schreibt, keine Dividende ausschüttet und am besten noch in einem politisch riskanten Schwellenmarkt zuhause ist, der ist alles andere als klug. Er läuft große Gefahr, früher oder später finanziellen Selbstmord zu begehen. Vermutlich eher früher.

Doch wie stellt man es in der Praxis an, hat man sich erst einmal entschieden, in Aktien zu investieren? Dies ist keine ganz banale Frage, die sich lediglich auf die Auswahl einer passenden Bank mit vertretbaren Depot-, Kontoführungs- und Order-Gebühren beschränken würde.

An anderer Stelle habe ich bereits erwähnt, dass es in meiner Wahrnehmung ausgesprochen viele Menschen gibt – ich würde sagen: in Deutschland eine sehr große Mehrheit –, die leicht hysterisch reagieren, wenn man ihnen mit Aktien kommt. Es ist für sie eine ausgemachte Sache, dass der Teil ihres Geldes, den sie in Aktien stecken, vom ersten Augenblick an extrem gefährdet ist. Anders gesagt: Sie halten das Risiko für so exorbitant hoch, dass jedes weitere Nachdenken Zeitverschwendung sei. Diese Bauch-Skepsis legen selbst hochintelligente und beruflich überdurchschnittlich erfolgreiche Menschen an den Tag. Die Angst vor Verlusten scheint beim größten Teil der deutschen Sparer besonders intensiv ausgeprägt zu sein, jedenfalls intensiver als etwa im angelsächsischen Raum oder in Schweden. Gerade erwachsene Menschen tun sich schwer, einen vernünftigen Einstieg als Aktionär zu finden und in die Tat umzusetzen. Sie haben Denkstrukturen verinnerlicht, aus denen sie nur noch schwer herauskommen – insbesondere, wenn sie einmal mit Aktien schlechte Erfahrungen gesammelt haben. Das ist verständlich, indes nicht die umsichtigste Einstellung.

In meinem persönlichen Umfeld mache ich oft einen einfachen Vorschlag, der meines Erachtens hilft, Berührungsängste und Hysterie zu lindern. Man nehme einfach einen kleineren Sparbetrag – zum Beispiel 500 Euro. Entscheidend ist dabei, dass die Summe nur einen Bruchteil des gesamten Ersparten ausmachen sollte. Für diesen Betrag sollte man zum Auftakt in eine einzige Aktiengesellschaft investieren, die im Idealfall die oben aufgeführten Kriterien erfüllt. Hier und heute würde ich meinen Freunden sagen: Versucht es einfach mit einer Öl-Aktien, sagen wir: Royal Dutch Shell. (Aber Vorsicht an dieser Stelle: Zum Zeitpunkt, zu dem Sie diese Zeilen lesen, können sich die Merkmale dieses Unternehmens schon wieder so verändert haben, dass sich ein Kauf nicht mehr lohnt; dies ist ein *Beispiel.*) Sobald der Kauf abgeschlossen ist und die Aktien im Depot liegen, beginnt die entscheidende Phase: Dann, sage ich meinen Freunden, wartet einfach ab und schaut, was passiert. Und genauso wichtig: Schaut, was eben *nicht* passiert. Das wahrscheinlichste Szenario: Der Shell-Aktienkurs ist kurzfristig mal leicht im Minus, mal im Plus; mittelfristig gibt es vielleicht einen leichten Aufwärtstrend nach oben; und viermal jährlich wird eine Dividende ausgeschüttet.

Dies ist ein kluger Weg, sich langsam an das Leben als Aktionär heranzutasten, sich zu gewöhnen. Stellt man dann fest: Aha, es ist gar nicht das Ende der Welt, ich verdiene sogar, nicht zuletzt dank der Dividenden, recht gut Geld – dann ist möglicherweise der Zeitpunkt gekommen, um einen größeren Betrag zu investieren, sagen wir: 5000 Euro. (Das klingt für viele nach sehr viel Geld. Berücksichtigen sollte man hier aber, dass das durchschnittliche Geldvermögen der deutschen Haushalte im

Schnitt bei mehr als 100 000 Euro liegt. Wenn so ein Durchschnittshaushalt 5000 Euro in Aktien investiert – also beispielsweise zehn Positionen à 500 Euro –, entspricht das kaum fünf Prozent des Geldvermögens, im Hinblick auf die Asset Allocation sehr wenig.)

Kinder und Jugendliche haben es in Sachen Aktien etwas einfacher – sie sind oft weniger voreingenommen als Erwachsene, auch weil sie in der Regel noch keine schlechten Erfahrungen mit dieser Anlageform gemacht haben. Ich meine, es ist gerade für Eltern minderjähriger Kinder (etwa ab zwölf Jahren) eine gute Sache, einfach ein Depot im Namen des Kindes einzurichten und ein paar Aktien dort zu hinterlegen. Ein Volumen für hundert Euro oder so ist an dieser Stelle völlig ausreichend. Denn es geht noch nicht ums Gewinnen, sondern ums Erfahrungensammeln. Die Wahrscheinlichkeit ist hoch, dass das Kind gelegentlich schauen wird, was mit seinen eigenen Aktien geschieht, und dass es sich über jede Kurssteigerung und Dividendenausschüttung freuen wird. Einfacher kann man einen gesunden, hysterie- und panikfreien Umgang mit Aktien nicht lernen. Es ist ein bisschen wie Fremdsprachen lernen: Je früher man anfängt, umso einfacher ist es.

Wie kauft man Aktien?

- Wer Aktien kaufen will, braucht ein **Depot**. So nennt man bei Bank und Sparkasse den Aufbewahrungsort für Wertpapiere aller Art. Es handelt sich um eine Art Konto, allerdings nicht für Bares, sondern für Anlagen. Ein Depot ist in der Regel mit einem Giro- oder Abrechnungskonto verbunden, was sich meist an einer ähnlichen Nummer (etwa unterschiedlichen Endziffern) ablesen lässt. Bei einigen Banken kostet die Führung eines Depots eine Jahresgebühr; bei anderen – insbesondere bei Online-Brokern und -Banken – dagegen nichts. Ein kostenloses Depot hat gegenüber einem gebührenpflichtigen keinerlei Nachteil.

- Hat man sich für den Kauf einer bestimmten Aktie entschieden, benötigt man über den Namen hinaus einige weitere Details. So ist jede Aktie (wie jedes andere Wertpapier auch) an einer eindeutigen **Wertpapierkennnummer** (kurz **WKN**) und an einer **International Securities Identification Number** (Internationale Wertpapier-Identifizierungsnummer, kurz **ISIN**) zu erkennen. Beispiel: Die Siemens-Aktie hat die WKN 723 610 und die ISIN DE 000 723 610 1. Die Nummern kann man einfach im Internet recherchieren, zum Beispiel bei Banken und auf www.finanzen.net, oder natürlich in jedem Finanzteil von Tageszeitungen und Wirtschaftszeitschriften nachlesen.

- Am günstigsten ist der Aktienkauf meist bei Online-Brokern und -Banken. Auf deren Webseite gibt es einen deutlich markierten Link (»Kaufen« oder »Ordern«). Hier gibt man die WKN/ISIN und die Anzahl der Aktien ein, die man kaufen möchte, und nennt – dies ist wichtig – ein Preislimit, bis zu dem man bereit ist, die Aktien zu erwerben. Tut man dies nicht, besteht die Gefahr, dass man einen ungünstigen Kurs erwischt. Das Limit stellt also sicher, dass der Kaufauftrag nur zu einem Kurs unter dem Limit ausgeführt wird.

- Alle Banken und Börsen berechnen eine **Gebühr** dafür, dass sie einen Auftrag annehmen und zur Ausführung bringen. Dies ist völlig in Ordnung; auch Finanzdienstleister wollen schließlich Geld verdienen. Beim Kauf von Aktien im »normalen« Volumen von Privatanlegern sollte die Gebühr zwölf Euro je Transaktion nicht übersteigen.

Kapitel 14:

Anleihen

Anleihen sind neben Aktien die wichtigste Geldanlageform für Privatanleger. Sie werden bei uns oft auch »Renten« genannt, was jedoch nichts mit der Altersrente zu tun hat, sondern auf eine Besonderheit dieser Anlageform zurückgeht: Anleihen werfen regelmäßig Zinsen ab – sie »rentieren«. Im englischsprachigen Raum heißen Anleihen Bonds.

Das finanzielle Wohl fast jedes Bundesbürgers hängt auf die eine oder andere Weise vom Rentenmarkt ab, was den meisten allerdings nicht klar ist. Insbesondere Kapital-Lebensversicherungen (Kapitel 10) stecken den größten Teil des ihnen anvertrauten Kapitals in Anleihen. Der Umstand, dass jeder Deutsche im Durchschnitt mehr als eine Lebensversicherung abgeschlossen hat, belegt das Ausmaß, in dem die finanzielle

Zukunft von Millionen Menschen an dieser Anlageform hängt. Dies ist insofern wichtig, als sich Privatanleger stets des sogenannten Klumpenrisikos bewusst sein müssen – also des Risikos, versehentlich eine unausgewogene, einseitige Asset Allocation zu verfolgen. Wer eine hohe Kapital-Lebensversicherung abgeschlossen hat, hat damit oft bereits einen großen Anteil seiner Altersvorsorge in Rentenpapiere gesteckt, selbst wenn er sich dessen nicht bewusst ist.

Die **Funktionsweise** von Anleihen ist recht einfach. Es handelt sich dabei um **Schuldverschreibungen**. Viele Sparer oder Investoren mit Anlagekapital (die Gläubiger) leihen Staaten, anderen Regierungsstellen oder Unternehmen Geld (den Schuldnern), die dies für verschiedene Zwecke benötigen. Die Bundesregierung beispielsweise, die in den meisten Jahren ein Haushaltsdefizit verzeichnet – also mehr Geld ausgibt, als sie einnimmt –, nimmt an den Rentenmärkten ununterbrochen Schulden auf, um das reibungslose Funktionieren des Staates zu gewährleisten. Die meisten Regierungen in Europa und Nordamerika machen es genauso.

Die Schuldner – bei einer Anleihe werden sie auch **Emittenten** (Aussteller) genannt – zahlen für das Kapital, das sie aufnehmen, regelmäßig **Zinsen**. Diese Ausschüttung bezeichnet man manchmal auch als **Coupon**. Zu einem von vornherein vereinbarten Stichtag erhalten die Schuldner ihr Kapital zurück. Die Laufzeiten von Anleihen variieren dabei stark. Es gibt kurzfristige Anlagen (bis zu zwei Jahren), aber auch langfristige (30 Jahre und mehr).

Eine erhebliche Rolle spielt die **Kreditwürdigkeit** des Emittenten, die sogenannte **Bonität**. Dabei geht es nicht anders zu als in der Darlehensabteilung einer Bankfiliale: Wer besonders kreditwürdig ist – beispielsweise dank eines hohen Einkommens oder Vermögens –, erhält besonders günstige Zinsen. Wer bereits Schulden hat, muss für ein Darlehen deutlich schlechtere Konditionen in Kauf nehmen.

Die Bonität von Anleiheemittenten ist jedoch schwieriger zu ermitteln als die Kreditwürdigkeit eines Privathaushalts. Dies liegt in der Natur der Sache: Die Bilanz eines weltweit tätigen Unternehmens ist extrem komplex, die Ermittlung der finanziellen Verhältnisse von Privathaushalten dagegen kinderleicht. An dieser Stelle kommen **Rating-Agenturen** ins Spiel, die sich darauf spezialisiert haben, die Kreditwürdigkeit von Anleiheemittenten zu bewerten. So sind alle wichtigen Rating-Agenturen der Welt beispielsweise der Meinung, dass die Bundesrepublik Deutschland in Sachen Bonität die Top-Note verdient (»AAA« oder ähnlich), also ein praktisch zu vernachlässigendes Ausfallrisiko aufweist. Dies gilt allerdings keineswegs für alle Staaten, denn auch die können pleitegehen (und haben an der einen oder anderen Stelle in der Vergangenheit ihre Anleihen platzen lassen – ein Fiasko für Anleger). Rating-Agenturen sind jedoch nicht unfehlbar, sie können sich mit ihren Einschätzungen gründlich irren. Die letzte Blamage erlebte die gesamte Branche 2008 im Zuge der weltweiten Finanzkrise.

Anleihen bieten zwei schöne **Vorzüge**. Dank der Zinszahlungen ermöglichen sie Anlegern zum einen, **regelmäßig** über

Kapitaleinkommen zu verfügen. Zum anderen sind sie **relativ sicher**, insbesondere im Segment der Anleihen mit Top-Ratings. Eine absolute, hundertprozentige Sicherheit gibt es indes nicht.

Jedoch weisen auch Rentenpapiere einige **Nachteile** auf:

- Im Vergleich mit Aktien ist die **Rendite** zwar relativ beständig, im Durchschnitt aber auch niedrig. Es gibt immer wieder Ausnahmejahre, in denen bestimmte Anleihen eine tolle Gesamtrendite schafften – etwa im Krisenjahr 2008, als Anleger vor allem auf relativ sichere Anlageformen setzten und Staatspapiere aufkauften, was die Kurse trieb. Dies ist aber, wie gesagt, die Ausnahme, nicht die Regel. Dennoch sind Anleihen für die Nerven von Privatanlegern entspannend: Mit Renten, so eine Börsenweisheit, schläft man besser; mit Aktien isst man besser.

- In einem Umfeld anziehender **Inflation** sind Anleiherenditen tendenziell gefährdet, da steigende Preise die reale Verzinsung schmälern.

- Schwankungen der **Wechselkurse** können Anleiherenditen schmälern, allerdings auch erhöhen. Anleger müssen daher ihre Erwartungen in Bezug auf die Wechselkurse stets berücksichtigen. Wer beispielsweise künftig mit einer relativen Schwäche des US-Dollar zum Euro rechnet, sollte Dollar-Anleihen meiden (oder, wenn er das Knowhow hat, am Finanzmarkt absichern). Wer an dieser Stelle unsicher ist, sollte sichere Anleihen aus dem Euroraum wählen.

• Es kann eine verzwickte Aufgabe sein, die **Kreditwürdig-keit** verschiedener Emittenten zuverlässig zu ermitteln und so Rückschlüsse auf das Chance-Risiko-Profil einer Anleihe zu ziehen. Wenn selbst global agierende Ratingagenturen wie Standard & Poor's, Moody's und Fitch bei der Benotung der Bonität weit danebenliegen, wie soll es dann ein Privatanleger besser schaffen? Verkompliziert wird die Sache dadurch, dass es viele verschiedene Emittenten gibt: Staaten auf allen Erdteilen, Bundesländer, staatlich kontrollierte Unternehmen und Institutionen, andere Unternehmen, mal börsennotiert, mal nicht, mal finanzstark, mal nicht.

• Die Emittenten von Anleihen können **zahlungsunfähig** werden und die Bedienung ihrer Schulden (also der ausstehenden Anleihen) einstellen. Das ist für betroffene Investoren extrem unangenehm. Ihr Geld ist meist nicht ganz verloren, aber doch zum großen Teil, und es kann sehr lange dauern, bis sie im Zuge eines Insolvenzverfahrens den traurigen Rest ihres Angelegten wiedersehen. Viele **Mittelstandsanleihen**, bei deutschen Anlegern in den vergangenen Jahren beliebt, fallen in diese Gruppe.

• Selbst wenn ein Anleihe-Schuldner nicht pleitegeht, kann der **Wert** einer Anleihe **fallen**. Dies liegt daran, dass Anleihen – wie Aktien auch – an den Börsen der Welt gehandelt werden und ihr Wert täglich schwankt. Diese Schwankungen sind (insbesondere im Vergleich mit Aktien) in der Regel nicht spektakulär; möglich ist ein drastischer Wertverfall allerdings durchaus. So eine Schwächephase kann all jenen egal sein, die ihre Anleihe ohnehin bis zum Fälligkeitsdatum halten wollen, an dem das Kapital zurückerstattet wird. Allerdings gilt dies keineswegs für alle Privatanleger.

Prinzipiell besteht folgender **Zusammenhang**: Steigen die Anleihekurse an den Märkten infolge großer Nachfrage, sinken die Renditen – und umgekehrt. In einem Umfeld mit steigenden Zinsen (und Renditen) sinken die Anleihekurse tendenziell; fallen die Zinsen, steigen die Kurse eher. Auch wenn die Kreditwürdigkeit eines Emittenten plötzlich in Frage gestellt wird, können die Anleihekurse abstürzen.

Insbesondere für sicherheitsorientierte Privatanleger sind **Bundeswertpapiere** geeignet. Sie haben den Vorzug, dass sie relativ einfach zu verstehen und zugleich das Sicherste vom Sichersten sind. Solange die Bundesrepublik Deutschland zahlungsfähig bleibt – und dies ist sehr wahrscheinlich –, ist das Ersparte hier geschützt. Es wird zurzeit allerdings sehr, sehr niedrig verzinst.

Kapitel 15:

Fonds

Fonds sind eines der wichtigsten Anlagevehikel für all jene, die ihr Geld mehren und konsequent Altersvorsorge betreiben wollen – was keineswegs bedeutet, dass Fondsanleger mehrheitlich gute Erfahrungen mit dieser Anlageform gesammelt hätten.

Die revolutionäre Idee für Fonds kam etwa in den 1920er-Jahren auf. Der in Deutschland recht bekannte Pioneer-Fonds, einer der ersten in der Geschichte, wurde beispielsweise 1928 gegründet, kurz vor dem spektakulären Börsenkrach von 1929. Die große Ära der Investmentfonds begann jedoch erst nach dem Zweiten Weltkrieg, als sie, ausgehend von den USA, zu einem Massenphänomen wurden. Damals erkannten Kleinanleger, dass Investmentfonds ihnen echte Vorteile boten, die in der Struktur dieser Wertpapiere begründet liegen.

Mittlerweile gibt es viele verschiedene Fondstypen, und innerhalb jeder Fondsgruppe können Privatanleger in Deutschland heute aus Hunderten oder Tausenden Wertpapieren wählen, die sich voneinander erheblich unterscheiden. Es kommt daher immer darauf an, was man mit dem Begriff »Fonds« eigentlich meint. Der eine kann ein krisenfestes Witwen-und-Waisen-Papier sein, der nächste ein hochspekulatives Instrument für risikobereite Zocker. Wer in einen oder mehrere Fonds investieren will, muss also Hausaufgaben machen. Dies gilt umso mehr, als die gravierenden Unterschiede für viele Privatanleger nicht auf Anhieb ersichtlich oder verständlich sind. Vorsicht ist definitiv angebracht: Wer ohne die erforderliche Vorbereitung Geld in Fonds steckt, kann eine große Überraschung erleben – und eine Enttäuschung, weil er wider Erwarten Geld verliert. Derartige Erfahrungen haben vielen Anlegern die Lust auf aktiv gemanagte Fonds genommen. Einiges deutet darauf hin, dass die Ära der klassischen Fondsanlage ihren Höhepunkt überschritten hat.

Trotz aller Unterschiede bauen Fonds so gut wie immer auf einem Kernprinzip auf: Sie bündeln das Kapital vieler Anleger und investieren es, mal in Aktien, mal in Anleihen, mal in Immobilien oder andere Werte. Aus diesem Prinzip erklärt sich die große Beliebtheit, derer sich Investmentfonds heute erfreuen. Jeder Kleinanleger hat mit ihnen die Möglichkeit, sein Geld – gegen Zahlung einer Gebühr an die Fondsgesellschaft – auf viele Einzelinvestments zu verteilen und dank dieser Streuung das Gesamtrisiko erheblich zu senken. Dieser zentrale, clevere Gedanke liegt dem Boom der Fondsbranche zugrunde.

Fonds ist nicht gleich Fonds

Heute können Anleger zwischen vielen verschiedenen Fondstypen wählen:

- **Aktienfonds** investieren das Kapital ihrer Anteilseigner überwiegend oder ausschließlich in Aktien (Kapitel 13). Da Aktienkurse phasenweise stark steigen oder fallen können, sind auch Aktienfonds relativ schwankungsanfällig – allerdings langfristig auch besonders chancenreich.

- **Rentenfonds** setzen überwiegend oder ausschließlich auf Anleihen (Kapitel 14). Sie sind in der Regel sicherer als Aktienfonds, bieten allerdings auch weniger Kurspotenzial nach oben.

- **Geldmarktfonds** sind eine Variante von Rentenfonds, die in kurz laufende, besonders sichere Anleihen investieren. Sie dienen in der Regel als Parkplatz für kurzfristig nicht benötigtes Geld – zum Beispiel den Haushalts-Notgroschen (Kapitel 4).

- **Mischfonds** stecken das Geld ihrer Sparer sowohl in Aktien als auch Anleihen – und manchmal auch zu einem kleinen Teil in andere Anlageformen wie Immobilien. Ihr Chance-Risiko-Profil liegt zwischen dem von Aktienfonds und Rentenfonds. Allerdings hat das Management von Mischfonds oft recht großen Spielraum bei der Gestaltung seiner Investments, insbesondere im Hinblick auf den Anteil, der jeweils auf Aktien (relativ chancenreich/riskant) und Anleihen (relativ sicher/weniger chancenreich) entfällt.

- Während die meisten Fonds »aktiv« gemanagt werden –

also nach bestem Wissen und Gewissen der verantwortlichen Finanzexperten –, sind **Indexfonds** »passive« Fonds. Sie bilden in einem mehr oder weniger automatischen Prozess einen bestimmten Börsenindex nach, zum Beispiel den Deutschen Aktienindex DAX. Der entscheidende Vorteil liegt darin, dass Indexfonds viel niedrigere Gebühren kosten als aktiv geführte Fonds.

- **Dachfonds** investieren nicht in einzelne Anleihen oder in Aktien, sondern in verschiedene Fonds. Dieser Ansatz macht sie – dank der Streuung auf in der Summe meist mehrere tausend Einzelinvestments in diesen »Unterfonds« – besonders schwankungsarm und wertbeständig.

- **Superfonds** wählen, ähnlich wie Dachfonds, einzelne »Unterfonds« aus, in die sie das Geld ihrer Sparer stecken. Darüber hinaus dürfen sie beispielsweise aber auch auf einzelne Aktien, Immobilien, Zertifikate oder Währungen setzen. Anders gesagt: Manager von Superfonds haben super-großen Gestaltungsspielraum. Der kann zu überdurchschnittlich schönen Renditen führen, bringt aber auch ein recht großes Anlagerisiko mit sich.

- **Zielsparfonds** sind eine Variante von Mischfonds. Sie werden manchmal auch Target-Fonds (das englische Wort »target« bedeutet »Ziel«), Lebenszyklus- oder Lifecycle-Fonds genannt. Bei dieser Spielart berücksichtigen die Manager das »Zieljahr«, in dem ein Sparer voraussichtlich in den Ruhestand gehen wird – beispielsweise für einen heute 40-Jährigen ungefähr das Jahr 2040. Im Laufe der Zeit schichten die Manager das investierte Kapital von risikoreicheren Aktien-Investments in weniger schwankungsanfällige Anleihen um. Das ist sinnvoll, da dieses Vorgehen in den Jahren unmittelbar vor dem Ruhestand das Risikoprofil reduziert und so unangenehme Überraschungen kurz vor dem Rentenalter weitgehend ausschließt.

- **Immobilienfonds** setzen, wie der Name schon sagt, auf Immobilien, vor allem im Bereich der gewerblich genutzten Objekte wie Bürogebäude, Einkaufszentren oder Hotels. Anteile an **Offenen Immobilienfonds** sind im Prinzip jederzeit handelbar und ein relativ sicheres Anlagevehikel, da Immobilien regelmäßige, oft langfristig vereinbarte Mieteinnahmen aufweisen. **Geschlossene Immobilienfonds** sammeln dagegen Geld für von vornherein definierte Objekte bei wenigen, meist vermögenden Einzelkunden ein. Sie sind deutlich weniger liquide und für die Mehrzahl der Privatanleger nicht geeignet.

- Einige Fonds garantieren ihren Anlegern eine Mindestrendite oder das anfangs investierte Kapital und werden daher auch **Garantiefonds** genannt. Das klingt für viele Anleger gut, begrenzt es doch die möglichen Verluste. Allerdings hat eine solche Garantie stets ihren Preis: Im Gegenzug ist in der Regel auch die mögliche Rendite von vornherein begrenzt. Am besten stellt man sich Garantiefonds als »Fonds mit Versicherung« vor. Diese Versicherung kostet – wie jede andere Versicherung auch – eine Gebühr, die sich in der ausgebremsten Rendite widerspiegelt.

- Wieder andere Fonds garantieren das Kapital ihrer Anleger zwar nicht, setzen sich aber zum Ziel, in jedem Jahr – unabhängig vom Auf und Ab an den Börsen – eine positive Rendite zu erzielen. Sie heißen deshalb **Absolute-Return-Fonds**. (»Absolute return« steht im Englischen für »absolute Rendite«, also ein immer positives Ergebnis.) Ein begrüßenswerter Ansatz, ohne Frage. Leider hat die Performance vieler solcher Fonds in den vergangenen Jahren gezeigt, dass Anspruch und Wirklichkeit getrennte Wege gehen können. Ein großer Teil der Absolute-Return-Fonds verliert immer wieder Geld und stellt damit die Glaubwürdigkeit dieses Anlagekonzepts in Frage.

- **Hedgefonds** (»hedging« bedeutet »absichern«) sind Spezialfonds für vermögende Anleger, die ein besonders sportliches Chance-Risiko-Profil aufweisen. Sie dürfen sehr hohe Anlagerisiken eingehen – beispielsweise auf Kredit investieren, auf fallende Kurse oder auf extrem spekulative Anlageformen setzen. Geht das gut, kann die Rendite exorbitant hoch ausfallen; geht es schief, erleben Anleger ein Fiasko. Die Gebühren sind außerordentlich hoch – toll für Hedgefonds-Manager, die zu den Spitzenverdienern der Welt zählen, allerdings überhaupt nicht toll für ihre Kunden. Privatanleger ohne Millionenvermögen sollten Hedgefonds meiden.

Unabhängig von der Anlagestrategie (siehe Kasten) weisen alle Fonds einige Gemeinsamkeiten auf, die für Privatanleger von großem **Vorteil** sein können.

- Sie verteilen das Kapital vieler Einzelinvestoren auf eine große Anzahl von Investments und **streuen** so das **Risiko**. Beispiel Aktien: Wer in eine einzelne Aktiengesellschaft investiert, kann Pech haben – die Firma geht pleite, ihr Aktienkurs tendiert gegen null. Ein solcher Totalverlust ist für Besitzer von Aktienfonds so gut wie ausgeschlossen, schließlich ist das Anlagerisiko auf viele Dutzend oder sogar einige hundert Unternehmen verteilt. Dessen ungeachtet sollte man berücksichtigen, dass einige Aktienfonds in Baissephasen an der Börse trotz der Streuung beträchtliche Verluste von 50 Prozent und mehr binnen eines Jahres eingefahren haben.

- Fonds ermöglichen eine professionelle Geldanlage auch bei **kleinen Anlagesummen**. Bei vielen Sparplänen sind monatliche Einzahlungen schon ab 25 Euro möglich.

- Fondssparer müssen sich **nicht** selbst um ihr investiertes Geld **kümmern**. Dies ist ein großer Vorteil für all diejenigen, die sich Finanzentscheidungen in Eigenregie nicht zutrauen – oder die schlicht keine Lust haben, sich mit dieser Materie zu beschäftigen.

- Sie sind relativ **transparent**. Fondsanleger können sich mit wenig Aufwand bei ihrer Fondsgesellschaft informieren, wie ihr

Geld investiert wurde – also zum Beispiel, welche Aktien, Anleihen oder Immobilien im Bestand sind. Dies ist bei vielen beliebten Sparformen, etwa bei der Kapital-Lebensversicherung, erheblich schwieriger oder sogar unmöglich.

- Man kann Fondsanteile in der Regel jederzeit **kurzfristig flüssig machen**. (Ausnahmen waren in den vergangenen Jahren unter anderem einige Offene Immobilienfonds, die vorübergehend die Rücknahme von Anteilen aussetzten.) Bei vielen Klassikern der Altersvorsorge in Deutschland – Kapital-Lebensversicherung, Riester-Rente, Rürup-Rente und so weiter – ist dies kurzfristig überhaupt nicht möglich oder nur mit erheblichen Verlusten.

- Und schließlich sind Investmentfonds eine **besonders abgesicherte Anlageform**. Sie können zwar im Wert fallen. Allerdings ist das Kapital der Investoren sicher, selbst wenn eine Bank oder Fondsgesellschaft (was im Prinzip unwahrscheinlich ist) tatsächlich einmal in Zahlungsschwierigkeiten geraten sollte. Dies liegt daran, dass die Anlagen eines Fonds als »Sondervermögen« gelten, das im Fall einer Pleite geschützt ist. Der Mehrzahl der Fondssparer ist dies, wie Umfragen zeigen, nicht klar.

Andererseits sollten Privatanleger, die ihr Geld in Investmentfonds stecken wollen, deren **Nachteile** berücksichtigen. Die größten:

- Einige Fonds (insbesondere reine Aktienfonds) weisen ein **hohes Chance-Risiko-Profil** auf. Man kann mit ihnen im Laufe der Jahre das Ersparte verdrei- und vervierfachen, aber auch, wenn man Pech hat und das Timing nicht stimmt, einen Verlust von 50 Prozent und mehr einfahren.

- Das Risiko ist beträchtlich, dass man versehentlich an einen **schlecht gemanagten** Fonds gerät, der eine lausige Rendite einfährt. Für die meisten Privatanleger (und selbst für professionelle Finanzexperten) ist es meines Erachtens schwierig bis unmöglich, einen guten von einem schlechten Fonds zu unterscheiden: Die Auswahl des richtigen Fonds ist weitgehend Glückssache. Die Mehrheit der Fondsmanager schneidet schlechter ab als der Vergleichsindex, an dem sie sich messen lassen – man kann also genauso gut gleich auf einen solchen Index setzen; das ist kostengünstiger und oft erfolgreicher (siehe Kasten über »ETFs«). Hat sich ein Fondsmanager in den vergangenen Jahren mit guten Renditen bewährt, ist dies zwar ein ermutigendes Indiz – aber eben nicht mehr als das. Es gibt keine Garantie dafür, dass Fonds, die in der Vergangenheit besonders erfolgreich abgeschnitten haben, dies auch in Zukunft tun werden. Nicht zuletzt aus diesem Grund halte ich es für keine schlechte Idee, wenn Privatanleger ihr Geld direkt in Aktien investieren – natürlich unter Berücksichtigung einer ganzen Reihe von Vorsichtsmaßnahmen (Kapitel 12 und 13).

- Die **Gebühren** vieler Fonds sind unverschämt hoch. Grundsätzlich ist selbstverständlich nichts dagegen zu sagen, dass

Fondsgesellschaften sich für ihre Arbeit bezahlen lassen: Sie erbringen eine Dienstleistung, die einen Preis hat und auch verdient. Allerdings sind die Gebühren, die Fondsmanager ihren Kunden berechnen, oft überzogen. Im schlimmsten Fall zahlen Sparer an drei Stellen. Beim Kauf von Anteilen zahlen sie erstens einen **Ausgabeaufschlag**, dessen Höhe variabel ist. Bei reinen Aktienfonds liegt er meist zwischen drei und sechs Prozent der Anlagesumme (also für einen Anlagebetrag von 3000 Euro beispielsweise bei 90 bis 180 Euro). Bei Rentenfonds liegt der Satz in der Regel zwischen zwei und vier Prozent, bei Geldmarktfonds meist erheblich niedriger. Zweitens stellen Fondsgesellschaften jährliche **Verwaltungsgebühren** in Rechnung, die automatisch vom Anlagevermögen abgezogen werden und die Rendite der Investoren schmälern. Der Gebührensatz liegt hier oft bei ein bis zwei Prozent – in jedem Jahr wieder, versteht sich. Außerdem sind viele Anbieter inzwischen dazu übergegangen, eine **Erfolgsbeteiligung** zu nehmen – die dritte anfallende Gebühr.

Bei Fonds, die in allen drei Sparten kassieren, stellt sich in der Tat die Frage, wer eigentlich am meisten profitieren soll – der Kunde oder die Fondsgesellschaft? Wer einen systematisch erfolglosen Fondsmanager derart systematisch teuer bezahlt, sollte sich definitiv nach Alternativen umsehen.

Allerdings kann man Fondsgebühren mit geringem Aufwand drücken. Bei vielen Anbietern (insbesondere Online-Banken und -Brokern) erhalten Kunden einen erheblich niedrigeren Ausgabeaufschlag. Viele Fonds können Privatanleger inzwischen direkt an der Börse kaufen und verkaufen (sogenannte ETFs). Und auch im direkten Gespräch mit Banken und Fondsgesellschaften sollte man nie vergessen, dass diese Gebühren verhandelbar sind. Wer clever pokert und beispielsweise unaufgeregt mit dem Weggang zu einem anderen Anbieter droht, kann an dieser Stelle viel Geld sparen.

• Die **Abgeltungssteuer** hat dafür gesorgt, dass Fonds für langfristig orientierte Investoren etwas an Attraktivität eingebüßt haben. Wer als Privatanleger vor Silvester 2008 Fonds gekauft hat – egal ob nun Aktienfonds, Rentenfonds, Dachfonds, Mischfonds oder ein anderes Produkt dieser Kategorie –, hat etwas richtig gemacht: Die Wertzuwächse, die diese Anlagen im Laufe der nächsten Jahre und sogar Jahrzehnte erzielen, sind steuerfrei. Seit Neujahr 2009, als in Deutschland die Abgeltungssteuer zum Tragen kam, sieht die Lage anders aus. Der Wertzuwachs auf alle Wertpapiere, die nach diesem Stichtag gekauft wurden (also Fonds, aber auch Aktien und viele andere Investments), unterliegen einem pauschalen Steuersatz von 25 Prozent zuzüglich Solidaritätszuschlag und, sofern man Kirchenmitglied ist, Kirchensteuer.

Angesichts unübersichtlich vieler verschiedener Wertpapiere in diesem Segment und der aufgezeigten Fülle der Vor- und Nachteile ist es unmöglich, für jeden Anleger ein klares Fazit pro oder contra Fonds zu ziehen. Grundsätzlich sollte man Fonds mit gesunder Skepsis begegnen und keine naiven oder überzogenen Erwartungen haben. Für einige Anleger sind Fonds eine praktische Sache, für andere nicht.

Wer im Jahr 2008 oder vorher Anteile an Investmentfonds erworben hat, sollte diese allerdings keinesfalls so schnell wie möglich liquidieren. Schließlich ist der Ausgabeaufschlag längst bezahlt, ein großer Teil der Fondsgebühren also bereits entrichtet. Zudem ist (die Anteile wurden ja vor Einführung der Abgeltungssteuer erworben) der Wertzuwachs auf ewig steuerfrei. Wer also vor einiger Zeit Fonds gekauft und diese im Depot hat, kann gut daran tun, sie einfach weiter zu halten und nicht viel darüber nachzudenken. Ausnahme: Wenn jemand einen systematisch schlecht gemanagten Fonds erworben hat, darf er sich durchaus davon trennen. Mit »systematisch schlecht« meine ich hier, dass der Fonds mehrere Jahre hindurch schlechter als sein Vergleichsindex abgeschnitten hat.

Grundsätzlich deuten folgende Indizien darauf hin, dass ein Privatanleger mit der Anlageklasse der Fonds gut bedient sein könnte:

- Er hat einen **mittel- oder langfristigen Anlagehorizont** (mindestens fünf bis zehn Jahre).
- Das **Anlagekapital** ist eher übersichtlich (sagen wir: unter 10 000 Euro).
- Er hat **keine Lust oder keine Zeit**, sich immer wieder mit den Finanzmärkten zu beschäftigen. (Aber Vorsicht an dieser Stelle: Auch die einmalige Auswahl der richtigen Fonds macht Arbeit.)
- Er bringt die Bereitschaft mit, recht **hohe Gebühren** zu zahlen.

Wer in der Lage ist, sich in Eigenregie für einzelne Aktien oder Anleihen zu entscheiden, kann problemlos auf Fonds verzichten. Man kann sich, sofern man die in den vorangegangenen Kapiteln aufgeführten Vorsichtsmaßnahmen berücksichtigt, durchaus sein eigenes Depot strukturieren, das ein vertretbares, auf die eigenen Bedürfnisse zugeschnittenes Chance-Risiko-Profil aufweist. Dies kann mit Direktinvestments in Aktien und Anleihen geschehen, aber auch mit Indexzertifikaten oder sogenannten Indexfonds (Kasten).

Wer diesen Weg beschreitet, kann Fonds jedoch immer noch zur Abdeckung von Nischen nutzen, in denen er sich nicht ausreichend auskennt: in ausländischen Schwellenländern und Regionen wie Afrika, Indien oder Vietnam beispielsweise, aber auch in einzelnen Branchen, die viel Fachwissen voraussetzen.

Exchange-Traded Funds

Exchange-Traded Funds – auch ETFs genannt – sind eine besondere Fonds-Spielart. Wörtlich übersetzt steht der englische Begriff für »börsengehandelte Fonds«. Dahinter verbergen sich oft (aber nicht immer) sogenannte **Indexfonds**, die in Deutschland erst vor rund 15 Jahren eingeführt wurden. Sie erfreuen sich zurzeit insbesondere im Nachklang der Wirtschaftskrise großer Beliebtheit – zu Recht. Indexfonds werden nicht »aktiv« von Managern geführt, sondern folgen meist »**passiv**« einem Börsenindex. Dies kann ein Aktienindex sein (zum Beispiel der DAX oder der amerikanische Leitindex Dow Jones), ein Rentenindex oder ein Index, der an die Preisentwicklung von Rohstoffen gekoppelt ist. Zurzeit sind in Deutschland mehr als 1000 ETFs erhältlich. Die wichtigsten Anbieter sind aktuell iShares (BlackRock), Lyxor (Société Générale) und db x-trackers (Deutsche Bank). Daneben gibt es mehrere Dutzend weitere.

ETFs weisen einige Besonderheiten auf, die sie für Privatanleger empfehlenswert machen:

- Sie können sich nie besser als der **zugrunde liegende Index** entwickeln, aber auch nie schlechter. Aktiv gemanagte Investmentfonds weichen dagegen meist deutlich vom Vergleichsindex ab. Die Mehrheit der hoch dotierten Manager schneidet schlechter ab als ihr Vergleichsindex – peinlich.

- Indexfonds sind – gerade im Vergleich mit klassischen Fondsinvestments – besonders **günstig**, weisen also eine für den Privatanleger erfreuliche Gebührenstruktur auf.

Einerseits gibt es bei ETFs keine **Ausgabeaufschläge** von mehreren Prozent, wie sie bei normalen Fonds anfallen. Stattdessen wird für ETF-Anteile in der Regel ein An- und ein Verkaufskurs genannt, ähnlich wie die Notierungen beim Devisenwechsel an jedem Flughafen. Die Differenz zwischen An- und Verkaufskurs nennt man **Spread** (engl. »Spanne«). Andererseits liegen die **Managementgebühren** bei etwa 0,2 bis 0,5 Prozent im Jahr, also ebenfalls erheblich niedriger als bei aktiv gemanagten Fonds. Eine **erfolgsabhängige Management-Vergütung** gibt es bei Indexfonds nicht.

- Aufgrund dieses insgesamt sehr attraktiven Gebührenprofils empfehlen **Banken** und **Sparkassen** Indexfonds im Beratungsgespräch nur selten: Es gibt für sie dabei schlicht viel weniger zu verdienen als mit klassischen Investmentfonds. Das schmälert ihre Attraktivität keineswegs, und Privatanleger sollten sich an dieser Stelle nicht verunsichern lassen.

- Sie sind **liquide**: Man kann ETFs jederzeit kurzfristig kaufen oder verkaufen, ist in einem Notfall also nicht von seinen Ersparnissen abgeschnitten.

- ETFs sind so **sicher** wie Investmentfonds. Da sie als Sondervermögen gelten, sind Anleger auch im Fall einer Bankenpleite geschützt.

Kapitel 16:

Zertifikate

Zertifikate erleben etwa seit der Jahrtausendwende einen beeindruckenden Boom: Waren diese Wertpapiere zuvor bei deutschen Anlegern noch weitgehend unbekannt, entwickelten sie sich in recht kurzer Zeit zu einem der wichtigsten und größten Anlagesegmente. Viele Banken, Sparkassen und Finanzjournalisten (auch ich selbst) empfahlen Privatanlegern Zertifikate. Fast immer geschah dies sicherlich in guter Absicht. Dennoch stellte sich dieser Rat im Nachhinein als problematisch heraus.

Denn am 15. September 2008, als die US-Großbank Lehman Brothers in die Pleite schlidderte, verkehrte sich dieser Trend ins Gegenteil: Tausende Zertifikate-Anleger – auch in Deutschland – verloren mit ihren Wertpapieren viel Geld, oft gerade diejenigen, die ihr Erspartes besonders sicher anlegen wollten. Auch Lehman hatte bei uns Zertifikate ausgegeben, und die waren von einem Tag auf den anderen so gut wie wertlos. Allein im Herbst 2008 sank das Volumen des deutschen Zertifikate-Marktes um ein Drittel. Nach einer Phase des Schocks, die zwei oder drei Jahre dauerte, ist diese Anlageklasse heute wieder ausgesprochen beliebt. Viele Sparer scheinen vergessen oder verdrängt zu haben, dass Zertifikate nach wie vor beträchtliche Risiken bergen, insbesondere bei finanzsystemischen Schocks.

Zertifikate sind sogenannte **Derivate**. Das bedeutet, dass sich ihr Wert von einem anderen Börsenparameter ableitet. Ein **Indexzertifikat** folgt beispielsweise einem Börsenindex, ähnlich wie ein ETF oder Indexfonds (Kapitel 15). Ein **Garantiezertifikat** verspricht Anlegern, dass sie – egal was an der Börse passiert – mindestens ihr eingesetztes Kapital zurückerhalten, also keinen Verlust machen können. Darüber hinaus gibt es eine Fülle von Zertifikaten mit komplizierten Namen und mitunter noch komplizierteren Strukturen – etwa Bonuszertifikate, Discountzertifikate, Expresszertifikate, Outperformance-Zertifikate oder Reverse-Zertifikate, auf die ich hier nicht eingehen will.

Die Lehman-Pleite hat deutlich gemacht, dass Zertifikate an einer empfindlichen Stelle ein Sicherheitsrisiko aufweisen. Wird der Aussteller (**Emittent**) eines Zertifikats zahlungsunfähig, droht Anlegern ein Totalverlust. Dieses **Emittentenrisiko**, das bis zum 15. September 2008 von praktisch allen Experten und Marktteilnehmern als marginal eingestuft wurde, wurde mit dem Lehman-Fiasko plötzlich höchst relevant. Zertifikate sind nämlich Schuldverschreibungen, und deren Werthaltigkeit ist mit dem Wohlergehen des Emittenten direkt verknüpft. Seitdem steht ein großes Fragezeichen hinter allen Zertifikaten – zu Recht.

Ein Beispiel macht deutlich, wo bei Zertifikaten die entscheidende Gefahr liegt. Allein die Deutsche Bank, die größte Privatbank in der Bundesrepublik und eine der größten der Welt, begibt als Emittentin eine schlicht unübersichtliche und stetig wachsende Anzahl von Zertifikaten. Das bedeutet, dass die Experten der Bank marktfähige Zertifikate »erfinden« und entwickeln. Anleger können sie jederzeit – also an jedem beliebigen Börsentag – kaufen und verkaufen. Grundsätzlich sind Zertifikate also **liquide**. Man kann sie, jedenfalls im Prinzip, jederzeit zu Geld machen. Allerdings bleibt das Emittentenrisiko: Sollte die Deutsche Bank eines Tages zahlungsunfähig werden, wären ihre Zertifikate praktisch wertlos, egal welcher Machart. (Dies ist ein zugegeben sehr unwahrscheinliches Szenario, allerdings – siehe Lehman – nicht undenkbar.)

Mittlerweile haben Banken »sichere« Zertifikate ersonnen, die im Prinzip das Emittentenrisiko ausschließen. Das kostet jedoch Rendite und ist oft keineswegs so »sicher«, wie die Finanzexperten behaupten. (Man sollte immer das viele Seiten lange und für jeden normalen Menschen, mich eingeschlossen, unverständliche Kleingedruckte lesen, das Zertifikaten zugrunde liegt – verständlich, dass die Wenigsten Lust dazu haben.) Kurz: Man kann als Privatanleger klug, effizient und erfolgreich Altersvorsorge und Vermögensaufbau betreiben, ohne ein einziges Zertifikat zu besitzen.

Wer sich des Emittentenrisikos bewusst ist, kann mit Zertifikaten allerdings **Nischenmärkte** abdecken, sofern er in diesem Segment nur einen niedrigen Prozentanteil seines Gesamtvermögens riskiert. Angenommen, ein Anleger will in kleineren Aktienmärkten wie Thailand, Vietnam oder in den Vereinigten Arabischen Emiraten investieren. Das könnte, will man Aktien oder Aktienfonds nutzen, mühsam werden und vor allem gebührenintensiv. An dieser Stelle können einzelne Index- oder Themen-Zertifikate sinnvoll sein, die diese für deutsche Investoren schwer zugänglichen Kapitalmärkte abdecken.

Kapitel 17:

Gold

Edelmetalle wie **Gold** und **Platin** sind Rohstoffe. Sie unterliegen aber, da sie in Krisenzeiten oftmals als Absicherungsinstrument genutzt werden, anderen Gesetzmäßigkeiten als Industrierohstoffe wie Kupfer, Eisenerz, Nickel oder Öl. Es ist hilfreich, Edelmetalle nicht nur als Rohstoffe einzuordnen, die in verschiedenen Branchen (zum Beispiel Schmuck, Zahnmedizin und Autobau) zum Einsatz kommen, sondern als **Währungen**, die eine Alternative zu US-Dollar, Euro, Schweizer Franken & Co. darstellen. Man sollte Gold nicht als »Investment« betrachten, das man kauft, damit es im Wert – ausgedrückt in Papierwährungen wie Dollar und Euro – steigt. Das wäre eine nachvollziehbare, im Kern aber nicht hilfreiche Sichtweise.

In Relation zu vielen Währungen ist der Goldpreis in den

vergangenen Jahren massiv im Wert gestiegen, wenngleich das Jahr 2013 einen Einbruch sah. Dennoch hat sich der Goldpreis auf Dollar-Basis seit der Jahrtausendwende vervielfacht. Das ist für diejenigen, die in diesem Zeitraum Gold besessen haben, natürlich erfreulich. Der nominale Wertzuwachs beim Gold könnte allerdings nichts anderes bedeuten, als dass die Weltwährungen einen beträchtlichen Teil ihres inneren Werts in den vergangenen Jahren abgegeben haben, während Gold seine reale Kaufkraft weitgehend behielt oder sogar erhöhen konnte. Gold gilt – ebenso wie Immobilieneigentum – als klassisches **Realvermögen**, das seinen Wert auch in inflationären Zeiten relativ gut behält. Dies ist ein wichtiges und nachvollziehbares Motiv für all jene, die einen Teil ihres Vermögens in Gestalt von Gold oder anderen Edelmetallen »speichern«.

Die Glaubwürdigkeit des Dollar, des Euro und anderer Papierwährungen ist aktuell nach Jahren mit massiver Geldschöpfung fragwürdiger denn je, was Gold als Alternativwährung attraktiv macht. Seit Jahrtausenden ist Gold in den meisten Kulturkreisen als Wertspeicher und/oder glaubwürdiges Zahlungsmittel in Gebrauch, und es ist wahrscheinlich, dass dies noch ein paar Jahrtausende so weitergeht. Auch heute kann Gold ohne große Umstände in fast alle Währungen und in praktisch alle anderen Vermögensformen umgewandelt werden. Mit großer Wahrscheinlichkeit ist es **langfristig werthaltig**.

Der entscheidende Vorteil des Goldes liegt aber an anderer Stelle: Wer Gold besitzt – ich meine damit sogenanntes physisches, »anfassbares« Gold, keine Derivate –, geht **kein Gegen-**

parteirisiko ein. Die Schuldenkrise der Jahre 2008 bis 2013 hat gezeigt, dass ein Zusammenbruch von Währungen, Währungsräumen und internationalem Finanzsystem nicht nur ein theoretisches Risiko ist, sondern ein echtes. Um diesen Aspekt zu verstehen, muss man sich klarmachen, was es beispielsweise bedeutet, »Geld auf der Bank« zu haben. Die grauen Ziffern auf der Habenseite des Kontoauszugs bedeuten, dass die Bank ihrem Kunden verspricht, das vorhandene Guthaben jederzeit in bar auszuzahlen. Die Bank verspricht; der Kunde vertraut – und hat ein Gegenparteirisiko. Sollte die Bank zahlungsunfähig oder -unwillig werden, hat jeder, der dort eine Einlage hat, ein Problem. Wer einen Euro-Geldschein im Portemonnaie hat, vertraut darauf, dass Staat und Notenbank die Kaufkraft dieses Scheins auch in Zukunft gewährleisten können – auch dies ist im Kern ein Gegenparteirisiko. Wer in Zertifikate oder Derivate investiert, setzt darauf, dass die Emittenten dieser Wertpapiere, in der Regel Bankhäuser, nicht pleitegehen.

Bei physischem Gold gibt es dagegen keine Gegenpartei und damit auch kein Gegenparteirisiko. Man besitzt es einfach. Insoweit isolieren diejenigen, die Gold haben, diesen Teil ihres Vermögens weitgehend von den Unwägbarkeiten des internationalen Finanzsystems und bauen so eine Art Versicherung für Krisenzeiten auf. Dass der Wertzuwachs physischen Goldes nach einer Haltedauer von nur einem Jahr steuerfrei ist, ist ein weiterer Anreiz, der sich insbesondere für diejenigen auszahlt, die das Edelmetall langfristig als »Anker« ihres Vermögens besitzen wollen.

Gold weist aber eine Reihe von **Nachteilen** auf, die man bei der Entscheidungsfindung berücksichtigen sollte:

• Gold wirft keine Zinsen oder Dividenden ab, es »**rentiert**« **nicht** – anders als Aktien oder Anleihen. Allerdings werden auch Guthaben auf klassischen Geldparkplätzen wie Sparbüchern und Tagesgeldkonten auf absehbare Zeit nominal nur minimal und real, also nach Einberechnung der Inflation, negativ verzinst. Solange die Zentralbanken der Welt diese Niedrigzinspolitik verfolgen, wird Gold relativ interessant bleiben.

• Die sichere **Aufbewahrung** von Gold kostet Geld und macht etwas Arbeit (Transport, Dokumentation etc.).

• Beim Goldkauf gibt es einen Unterschied zwischen An- und Verkaufspreis, den sogenannten **Spread**. Er beträgt, abhängig von Art, Gewicht und Verfügbarkeit von Münze oder Barren, bis zu mehrere Prozent und ermöglicht so Goldhändlern ihren legitimen Gewinn. Das ist für Kunden nicht toll; Gebühren fallen allerdings bei fast allen Anlageklassen in der einen oder anderen Form an. Wer Aktienfonds kauft, ist oft mit einem Ausgabeaufschlag von sechs Prozent dabei (zuzüglich der jährlichen Managementgebühr und einer erfolgsabhängigen Vergütung). Bei einem Immobilienerwerb in Deutschland betragen die Nebenkosten – also die Transaktionsgebühren – nicht selten mehr als zwölf Prozent.

• Gold kann, wie jede andere Anlageform, dramatisch **im Wert fallen** – selbst und gerade in dem Fall, dass das globale Finanzsystem in größte Turbulenzen gerät. Gold dient vielen dann zwar als Fluchtwährung. Die Erfahrung nach der Lehman-Pleite im September 2008 hat jedoch gezeigt, dass das nicht alles ist. Damals verschwand in kürzester Zeit Liquidität aus den Finanzmärkten; eine Bank traute der anderen nicht und verlieh kein Geld mehr. Ist Liquidität knapp oder vorübergehend überhaupt nicht verfügbar, wird eine Bank jenes flüssig machen, was gerade flüssig zu machen ist. Neben Aktien und anderen Wertpapieren können dies auch Goldpositionen sein. Wenn größere Mengen Gold zum Verkauf gestellt werden, bricht der Preis ein.

• Viele Deutsche finden Gold als »Krisenversicherung« interessant. Das ist nachvollziehbar. Vergessen sollten sie dabei nicht, dass auch der **Staat** Gold gerade in Krisenzeiten verlockend findet – und dessen Privatbesitz immer mal wieder gern verbietet, zumal das Einziehen von Gold rechtlich einfach und schnell durchzuziehen ist, wie beispielsweise die Vereinigten Staaten 1933 zeigten.

Trotz dieser Komplikationen ist es meines Erachtens ratsam, einen Teil der eigenen Ersparnisse in der Währung Gold aufzubewahren. Dabei sollte man niemals alles auf eine Karte setzen, auch nicht in Momenten größter Panik. Das wäre eine höchst riskante Strategie: Auch Schwarzseher und Goldapostel können sich komplett irren. Je nach persönlicher Neigung und Vermögensstand erscheint mir ein Edelmetallanteil am Gesamtvermögen von fünf bis zehn Prozent sinnvoll.

Doch wie legt man sein Geld eigentlich in Gold an? Privathaushalte, die einen Teil ihrer Ersparnisse in Gold stecken wollen, sollten **Münzen** oder **Barren** kaufen. Wer deutlich fünf- und höherstellige Beträge anlegen will, kommt um Ein-Kilo-Barren oder noch höherwertige Schwergewichte nicht herum. Bei niedrigeren Beträgen sind Münzen ideal. Achten sollte man darauf, eher die bekannteren, weltweit handelbaren zu kaufen anstatt Exoten. Das kann den Verkauf eines Tages erleichtern beziehungsweise den Erlös verbessern. Gängige und international anerkannte Goldmünzen sind unter anderen der Krügerrand aus Südafrika, Känguru (Australien) und Maple Leaf (Kanada). Man kann Gold in den meisten Bank- oder Sparkassenfilialen sowie bei Goldhändlern kaufen. Entscheidend sind dabei zwei Dinge. Zum einen muss der Kurs, zu dem man kauft, akzeptabel sein; man sollte also, bevor man zur Tat schreitet, die aktuellen und täglich schwankenden Preise vergleichen. Zum anderen muss der Verkäufer seriös und über alle Zweifel erhaben sein. Bei Banken und Sparkassen in Deutschland ist dies gegeben. Ich persönlich habe beim Edelmetallhändler Pro Aurum gute Erfahrungen gemacht, der Niederlassungen an mehr als zehn Standorten in Deutschland und in benachbarten Ländern unterhält.

Ein **Schließfach**, das man bei einer Bank oder einem anderen Anbieter mietet, kann zur Verwahrung sinnvoll sein, ist meines Erachtens aber nicht optimal. Sollten wir eine Krise des Finanzsystems erleben, in deren Verlauf Bankfilialen und Geldautomaten vorübergehend ihre Dienste einstellen, könnte es schwierig bis unmöglich sein, Zugang zu den Schließfächern zu erlangen – genau für dieses Krisenszenario hat man vielleicht jedoch Gold gekauft. Außerdem kosten Banksafes Gebühren, deren Höhe von Größe und Servicepaket abhängt. Hinzu kommt, dass Verbraucher, die ihre Finanzgeschäfte vor allem online tätigen, Schwierigkeiten haben könnten, eine Filialbank zur Bereitstellung eines Schließfachs zu bewegen. Sie werden, sollten sie Erfolg haben, im Gegenzug ein Konto eröffnen müssen – oft ebenfalls gebührenpflichtig.

Der Safe zuhause dürfte daher für viele eine sinnvollere Lösung sein. Er sollte von guter Qualität sein und fachmännisch in Wand oder Boden verankert werden. Ein brauchbarer Tresor wird vermutlich mehr als 800 Euro oder sogar deutlich im vierstelligen Bereich kosten. Er lohnt natürlich nicht, wenn es um die Aufbewahrung einer einzelnen Goldmünze geht. Ist das Anlagevermögen aber größer und will man auch die wichtigsten Dokumente, Datenträger, Schmuck und so weiter sichern, lohnt sich die Anschaffung recht schnell, zumal man gegebenenfalls die regelmäßigen Gebühren für die Miete eines Schließfachs spart. Sinnvoll ist in jedem Fall die Rücksprache mit der Hausratversicherung, die meist Empfehlungen zum Kauf eines sicheren Aufbewahrungsorts von Wertsachen geben kann.

Neben Goldmünzen und -barren gibt es weitere goldbasierte Anlageformen, die für Anleger nützlich sein können.

- **Goldminenaktien** sind grundsätzlich für alle interessant, die auf Gold setzen wollen und keine überdurchschnittlichen Berührungsängste mit Aktien haben. Der Wert dieser Anteilscheine bewegt sich tendenziell mit dem Goldpreis, und sie werfen oft niedrige Dividenden in einer Größenordnung von bis zu zwei Prozent jährlich ab. Die Betonung liegt auf »tendenziell«, denn es kann über längere Zeiträume beträchtliche Differenzen in der Performance geben. Die Börsenkurse von Goldminen können sich deutlich langsamer oder schneller bewegen als der Goldpreis, da ihre Entwicklung von vielen weiteren Faktoren abhängt, insbesondere der Qualität des Managements, der Profitabilität und dem geografischen Schwerpunkt des Unternehmens.

- Das sogenannte **Xetra-Gold** der Deutschen Börse (Wertpapierkennnummer A0S 9GB) ist eine in Deutschland beliebte Alternative zu Münzen und Barren. Es kostet kaum Handelsgebühren und ist ebenfalls physisch hinterlegt. Das bedeutet, dass man sein Erspartes nicht in ein »theoretisches« Finanzprodukt einer Bank steckt (zum Beispiel in ein Zertifikat), sondern dass es für das Geld, das in diese Anlageform fließt, eine winzige, echte Menge Gold gibt, die »physisch« (anfassbar) in einem Tresor liegt. Wer will, kann sich die ihm zustehende Menge Gold gegen Zahlung einer (happigen) Gebühr nach Haus liefern lassen. Ein ähnliches Wertpapier ist **Euwax Gold** der Börse Stuttgart (Wertpapierkennnummer EWG 0LD).

- Anlagealternativen wie **Goldzertifikate** sind riskant und allenfalls für kurzfristige Spekulationen nützlich, die für die meisten Privathaushalte in Deutschland nicht in Frage kommen.

Das Problem: Derartige Scheine sind meist nicht physisch hinterlegt, sondern stellen lediglich eine Inhaberschuldverschreibung dar, »Papiergold« – also ein Versprechen des Emittenten, zu den vereinbarten Spielregeln den an den Goldpreis gekoppelten Wert des Investments bei einem Verkauf auszuzahlen. Dies geschieht nicht in der Währung Gold, sondern in einer Papierwährung wie Euro oder Dollar, die man mit einem Goldinvestment ja gerade hinter sich lassen wollte.

• **Goldschmuck** ist als Wertanlage eine besonders schlechte Idee, auch wenn viele Frauen diese Aussage möglicherweise nicht glücklich machen wird. Es geht stets um den Materialwert der Geschmeide, und der liegt fast immer bei einem Bruchteil des Ladenpreises. Ausnahme: Sie heißen Liz Taylor oder ähnlich und wollen Ihre Juwelen bei einem Auktionshaus versteigern lassen. Dann gibt es einen deutlichen Aufschlag für die vornehme Provenienz.

Silber ist keine Alternative zu Gold, aber eine Ergänzung. Anders als Gold ist es auch ein Industriemetall, das in großen Mengen ge- und verbraucht wird. Sollte es infolge einer neuerlich akuten Finanzkrise zu einem Wirtschaftseinbruch kommen, würde die Industrienachfrage nach Silber mit großer Wahrscheinlichkeit einbrechen, der Preis sinken. Und während bei einem Goldkauf in Deutschland bislang keine Umsatzsteuer anfällt, sind bei Silber 19 Prozent fällig. Wer Silber kauft, verbucht also zum Auftakt einen erheblichen Verlust, der anschließend durch Kurssteigerungen erst wieder ausgeglichen werden muss.

Zwei weitere Edelmetalle, **Platin** und **Palladium**, sind für vermögende Anleger als Ergänzung zu Gold und Silber geeignet. Bedenken muss man dabei, dass der Markt für diese Metalle deutlich weniger liquide ist, An- und Verkauf also nicht jederzeit – oder nicht zu guten Konditionen – möglich sind. Die Umsatzsteuer, die beim Kauf berechnet wird, liegt ebenfalls bei extrem unappetitlichen 19 Prozent.

Fazit: Wer über »normale« Ersparnisse verfügt (also nicht ernsthaft vermögend ist) und in Edelmetall investieren will, sollte in erster Linie Münzen und Barren kaufen und diese sicher und jederzeit zugänglich verwahren. Meine persönliche Empfehlung liegt bei einem Goldanteil von 90 Prozent mit einer zehnprozentigen Silber-Beimischung, jeweils bezogen auf den Edelmetallanteil am Gesamtvermögen. Bei beiden Metallen sind Ein-Unzen-Münzen brauchbar. Wer ein größeres Vermögen verwaltet, muss Goldbarren in Erwägung ziehen.

Kapitel 18:

Anlagemoden

Ein Privatanleger, der versucht, sein Erspartes mit Umsicht und einem vernünftigen, auf langfristigen Erfolg angelegten Chance-Risiko-Profil zu mehren, sieht sich vielen Gefahren ausgesetzt. Irrt er sich bei seinen Prognosen, verliert er Geld – oder er erzielt eine niedrigere Rendite, als er mit einem besseren Händchen erzielt hätte. Einige Anlagerisiken meint er zu kennen, andere intuitiv zu erahnen; von wieder anderen erfährt er von einem Berater oder aus der Presse.

Das größte Risiko liegt dabei in einem Phänomen, das ich **Anlagemoden** nennen möchte. Die große Mehrheit der Sparer und Privatanleger hat einen Hang, in der Herde der Mehrheitsmeinung mitzulaufen. Dies mag vorübergehend ein wohliges Gefühl vermitteln (»die anderen machen es doch auch so«), ist aber häufig der direkte Weg ins finanzielle Verderben.

Das Problem ist stets das gleiche: Die meisten Privatanleger folgen – oft ohne es zu merken – einer Anlagemode, und zwar erschreckend häufig zu einem Zeitpunkt, an dem es zu spät ist und die Preise längst gestiegen sind, angeheizt vor allem von »institutionellen« (also professionellen) Investoren bei Banken, Fondsgesellschaften und anderen Finanzinstituten. Anders gesagt: Wer einer Anlagemode folgt, geht ein erhebliches Risiko ein, sehr viel Geld zu verlieren – bis hin zum Totalverlust.

Am besten lässt sich das anhand einiger Beispiele veranschaulichen, die einige Jahre zurückliegen, aber im Prinzip nichts von ihrer Relevanz eingebüßt haben:

- 2007 erlebte die **BRIC**-Mode ihren Höhepunkt. »BRIC« steht für vier wichtige Schwellenmärkte auf Erden – also jene Länder, die sich wirtschaftlich rasant entwickeln und so den Sprung vom armen Entwicklungsland in den Club der reicheren oder reichen Länder der Welt schaffen. Dies sind – daher die Buchstabenkombination – **B**rasilien, **R**ussland, **I**ndien und die Volksrepublik **C**hina. Vor einigen Jahren wurde »BRIC« dann auf »BRICS« ausgeweitet und **S**üdafrika in den Kreis der »Zukunftsmärkte« aufgenommen. Viele Banken, Sparkassen und Fondsgesellschaften empfahlen ihren Kundinnen und Kunden damals Aktien- oder Fondsanlagen in diesen Ländern. Auch die Presse wies immer wieder auf das langfristige Potenzial dieser Märkte hin. Der Tenor lautete stets, dass in diesen aufstrebenden Volkswirtschaften die Zukunft läge – und davon sollten Investoren aus Deutschland profitieren.

Ich persönlich bin der festen Überzeugung, dass diese Länder, sofern keine politischen oder gesellschaftlichen Katastrophen passieren, langfristig eine erfreuliche wirtschaftliche Entwicklung nehmen werden (und lebe zurzeit sogar in Indien). Doch dies schließt leider keineswegs aus, dass Investments in Schwellenmärkten kurzfristig drastisch an Wert verlieren können. Es gibt meines Erachtens kaum ein besseres Indiz dafür, dass man anlagetechnisch von etwas die Finger von lassen sollte: wenn die ganze Welt (dies schließt natürlich den eigenen Bankberater ein) erwartet, dass ein Kauf von Wertpapieren ein fabelhaftes, sicheres, außerordentlich chancenreiches Investment darstellt – wie BRIC seinerzeit. Sind alle einer Meinung, sollte man sich den Luxus der entgegengesetzten Meinung leisten. Gerade dann.

Zur Erinnerung: Von Anfang 2008 bis Anfang 2009 sanken die Aktien-Leitindizes der vier BRIC-Länder jeweils zwischen 40 und 80 Prozent. Das Tal der Tränen ließen sie ab Frühjahr 2009 hinter sich und erzielten erneut hohe Zuwächse – bis 2013 ein weiteres Jahr der Ernüchterung folgte. Nur diejenigen, die ein robustes Nervenkostüm mitbrachten und sich nicht von ihren Wertpapierbeständen trennten, haben die Turbulenzen ohne hässliche Verluste überstanden.

• Ende der 1990er-Jahre erlebten Internet-, Technologie-, Telekommunikations- und Medienaktien einen Aufschwung, der als **New-Economy-Boom** in die Wirtschaftsgeschichte einging. Der Höhepunkt dieser Spekulationsblase wurde im

Frühjahr 2000 erreicht – jeder schien zu diesem Zeitpunkt unbedingt Aktien dieses Segments, deren Wert sich bereits vervielfacht hatte, kaufen zu wollen. Dies war im Rückblick der optimale Zeitpunkt, um sich von solchen Aktien (und den meisten anderen auch) zu *trennen*. Viele New-Economy-Unternehmen verloren in den folgenden drei Jahren mehr als 95 Prozent ihres Börsenwerts. Hunderte gingen pleite. Im Frühjahr 2014 standen wiederum Internetfirmen der nächsten Generation weit oben auf der Favoritenliste: Social-Media-Anbieter wie Facebook und Twitter, deren Börsenbewertung, gemessen an den üblichen Kennzahlen, extrem hoch lag. Auch hier wird irgendwann Realismus auf Idealismus folgen.

- Mitte 2008 waren **Rohstoff-Investments** en vogue – zu einem Zeitpunkt, an dem die Preise für Rohstoffe (und die Aktienkurse von Rohstoff-Förderern) bereits mehr als fünf Jahre lang ebenso rasant wie kontinuierlich gestiegen waren. In der ersten Jahreshälfte 2008 konnte man kaum eine Wirtschafts- oder Finanzzeitschrift aufschlagen, ohne dass man große Anzeigen oder Verlagssonderveröffentlichungen aus dem Rohstoffsektor fand. Von einem »Super-Zyklus« war mitunter die Rede. Wer dieser Anlagemode folgte, setzte ab Mitte 2008 im Laufe eines halben Jahres mühelos die Hälfte seines investierten Geldes in den Sand.

- Infolge des steigenden Ölpreises boomte auch das Anlegerinteresse an alternativen Energieerzeugern, also beispielsweise den Herstellern und Vermarktern von **Solartechnologie** oder

Windkraftanlagen. Viele Unternehmen in diesen Branchen haben oder hatten ihren Sitz in Deutschland, beispielsweise SolarWorld, Conergy, Q-Cells und Nordex. Als der Ölpreis von Mitte 2008 an um mehr als 75 Prozent einbrach, stürzten auch die Aktienkurse dieser technologisch innovativen, zukunftsweisenden Unternehmen ab. Die Mode war vorbei. Plötzlich fiel Anlegern auf, dass sogenannte alternative Energien oft abhängig von hohen staatlichen Subventionen sind, die irgendwann einmal auslaufen müssen, mit Folgen für die internationale Wettbewerbsfähigkeit dieser Branche. Q-Cells ging 2012 in die Insolvenz, Conergy ein Jahr später. Nordex-Aktionäre verloren zwischenzeitlich mehr als 90 Prozent ihres Vermögens (wobei es seit 2012 wieder steil bergauf geht), Anteilseigner bei SolarWorld mehr als 99 Prozent. Alternative Energieträger mögen eine gute, sympathische Sache sein; sie sind aber nicht zwangsläufig ein gutes Investment.

• Die verheerende Finanzmarkt- und Wirtschaftskrise, die praktisch alle Volkswirtschaften der Welt ab Sommer 2007 durchliefen, nahm ihren Ausgang in einer beispiellosen Spekulationsblase, die etwa Mitte der 1990er Jahren in den **Immobilienmärkten** einsetzte. In vielen angelsächsisch geprägten Ländern (USA, Großbritannien, Irland, Australien und so weiter) kauften Privatleute damals Häuser und Wohnungen, die sie zum größten Teil oder ganz auf Pump finanzierten. Das schien für viele Sinn zu machen – galt doch als ausgemacht, dass die Immobilienpreise von Jahr zu Jahr nur steigen könnten, nicht aber fallen. (In vielen anderen, nicht angelsächsischen

Ländern – von Spanien über Griechenland und Russland bis hin zu Indien und China – sah es ähnlich aus, nicht aber in Deutschland und Japan.) Auf vielen Partys in diesen Ländern gab es jahrelang vor allem ein Thema: wie man ohne Arbeit und dank hoher Schulden auf dem Umweg über Immobilien viel Geld machen und reich werden könnte. Dass dies möglicherweise keine tragfähige Anlagestrategie war, entging Millionen Menschen in aller Welt. Wer nicht an diesem Boom teilhatte, galt jahrelang als Loser-Typ – und fühlte sich oft auch so.

Auch hier gilt jedoch: Querdenken lohnt. Anlagemoden können sich von heute auf morgen wandeln. Wer zu Zeiten des Immobilienbooms nicht mitmachte, konnte in der Krise in den meisten genannten Märkten zu Schnäppchenpreisen kaufen und kann es in einigen Märkten, etwa in Südeuropa, heute noch.

Während zahlreiche Länder im Laufe der Finanzkrise einen massiven Einbruch der Immobilienpreise verzeichneten, steigen in Deutschland die Preise seitdem kontinuierlich und rasch, jedenfalls in den großen und vielen mittelgroßen Städten. Ich persönlich halte es grundsätzlich für sinnvoll, ein Eigenheim zu besitzen und zu bewohnen (Kapitel 11) – allerdings nur, wenn keine Mondpreise gezahlt werden. Möglicherweise haben wir es bei deutschen Wohnimmobilien ebenfalls mit einer Anlagemode zu tun, die irgendwann korrigiert wird, spätestens wenn die seit Jahren im Zuge der Finanzkrise außerordentlich niedrigen Zinsen wieder steigen.

• **Hedgefonds,** die vor allem vermögenden Investoren offenstehen, galten noch Anfang 2007 als schick und extrem lukrativ:

Sie würden, so das Versprechen der meisten Anbieter, Gewinne nicht nur in steigenden Märkten abliefern, sondern auch in fallenden. Das klang so herrlich, dass auch Privatanleger, die über eher kleine Summen verfügten, die Büros dieser Geldverwalter stürmten und ihnen ihr Geld geradezu aufdrängten, vor allem in den USA. Die hehren Versprechungen der Hedgefonds-Manager (von denen die meisten dank einer abenteuerlichen Vergütungsstruktur Milliongehälter einstecken) lösten sich 2008 dann schnell in Luft auf. Viele Anbieter machten dicht. Für Privatanleger sind Hedgefonds so chancenreich wie ein Casino. Allerdings sind die Gebühren deutlich höher.

Noch heute ist bei deutschen Privatanlegern eine Anlageidee ganz besonders in Mode. Sogenannte **nachhaltige Investments** haben einen tollen, wohlklingenden, gutmenschlichen Namen. Sie versprechen, dass Investoren nicht nur Geld verdienen können, sondern dies auch noch nach besonders anspruchsvollen ethischen, sozialen und/oder ökologischen Kriterien. Dies kann verschiedene Formen annehmen, etwa den Boykott von Unternehmen, die in ärmeren Ländern nachweislich Kinder arbeiten lassen; die Tabak, alkoholische Produkte oder Glückspiel propagieren; oder eine gezielte Bevorzugung von Firmen, die umweltfreundliche Technologien entwickeln (etwa im Bereich der alternativen Energien) oder die auf Nischensegmente wie Wasseraktien setzen.

All dies ist ganz sicher ein ehrenwerter, sympathischer Ansatz. Ob sich damit Geld verdienen lässt – und darum geht es bei der Kapitalanlage –, ist eine andere Frage. Der in den vergangenen Jahren beobachtete Kollaps der Aktienkurse von Firmen, die Solar- oder Windkraftanlagen herstellen, wirft zumindest große Fragezeichen auf. Ausrichtung auf Nachhaltigkeit schön und gut; doch wenn man damit lediglich einer Anlagemode aufsitzt und einen Großteil seines Investments verliert, hilft auch der Verweis auf gute Absichten nichts. (Es wäre besser, das Ersparte auf ein Tagesgeldkonto einzuzahlen, aus Nachhaltigkeitsgründen vom eigenen Auto möglichst oft auf den öffentlichen Personennahverkehr umzusteigen und ganz einfach weniger Fleisch zu essen, um die Umwelt zu schonen.)

Ebenso hilfreich wie ernüchternd ist an dieser Stelle ein Nachschlagen in den Geschichtsbüchern. Denn zu allen Zeiten gab es Anlagemoden und Spekulationsblasen, die in spektakulären Kursstürzen endeten. Eine kurze, unvollständige Liste:

- Die **Tulpen-Manie** in Holland in den 1630er-Jahren: Solide Bürger verkauften damals für eine Zwiebel Haus und Hof.
- Die **Südsee-Blase** um 1720, bei der vor allem englische Investoren auf Gewinne setzten, die angeblich im Zuge der Erschließung Südamerikas verdient werden sollten. Bei einem Börsengang wurde damals – eine der kurzweiligeren Fußnoten der Wirtschaftsgeschichte – »ein Unternehmen« angepriesen, »das ein Unterfangen von großem Vorteil durchführt, von dem aber niemand wissen darf, was es ist«. Der Hinweis, dass dies möglicherweise kein belastbares Geschäftsmodell sein könnte, schien vielen Anlegern damals unseriös.

- Der **Eisenbahnboom** in Großbritannien und Nordamerika in den 1840er-Jahren.
- Die **Immobilienblase in Florida** in den 1920er-Jahren.
- Die weltweite Aktienspekulation in den »goldenen« 1920er-Jahren, die im **Börsenkrach von 1929** endete und die Große Depression in den 1930er-Jahren einläutete.

Und so weiter und so fort; es gibt zahlreiche weitere bizarre Beispiele. Das Muster ist dabei stets ähnlich: Unrealistische Erwartungen führen zu abenteuerlichen Wertsteigerungen, die weitere Spieler auf den fahrenden Zug aufspringen lassen und die Preise noch weiter nach oben treiben. Schließlich setzt Ernüchterung ein, die Preise beginnen zu bröckeln – bis hin zum Kollaps.

Sicher ist: Es wird auch in Zukunft immer wieder Anlagemoden und Spekulationsblasen geben – es liegt in der Natur des Menschen, die unentwegt das Spannungsfeld zwischen Gier und Angst auslotet. Offen ist jedoch, auf welchem Gebiet und in welchem Anlagesegment dies geschehen wird. Privatanleger tun meines Erachtens gut daran, bei all ihren Einzelentscheidungen immer eine gewisse Grundskepsis zu bewahren und sich stets zu fragen, ob sie vielleicht einer Anlagemode aufsitzen. Es schadet ganz sicher nicht, sich vor einem Investment zu fragen, was an den Börsen und in den Bankfilialen gerade in Mode ist. Möglicherweise ist dann das genaue Gegenteil einer Anlageidee viel cleverer.

Doch woran kann man erkennen, was anlagetechnisch gerade »in Mode« ist? Dafür gibt es leider kein Patentrezept. Einige Indizien sind jedoch typisch:

- Die **Kurse steigen** und steigen, mitunter sehr schnell, oft mehrere Jahre hindurch.

- Die überwältigende Mehrheit der Anleger ist, was die Zukunftschancen des »modischen« Investments angeht, **einer Meinung**. Auch ein schönes Verkaufssignal: Alle Analysten, also die vermeintlich brillanten Geldprofis bei Banken und Anlagegesellschaften, empfehlen ein Investment einstimmig.

- Leider gilt dies im Grundsatz auch für die **Empfehlungen des Anlageberaters** in Bank oder Sparkasse. Denn: Wann immer Finanzdienstleister ihren Kunden bestimmte Anlageideen gezielt verkaufen wollen, ist der Zug meistens längst abgefahren.

- Es gibt **kaum Kritiker** einer Anlageidee – und falls doch, werden sie öffentlich nicht ernst genommen oder ausgelacht und als Spinner abgetan.

- Man hört und liest **neues Vokabular**. Wenn beispielsweise Journalisten von einem »Super-Zyklus« bei Rohstoffen schreiben, würde mich dies skeptisch machen. Wenn Privatanlegern (die am Ende der Vermarktungskette stehen) »die Märkte der Zukunft« in China, Indien & Co. schmackhaft gemacht werden, würde ich zögern. Und der in der New-Economy-Ära geprägte Satz, dass »diesmal alles anders ist« (nämlich dass es bei Aktien am Ende des Tages nicht auf Unternehmensgewinne ankommt, sondern auf Klickzahlen im Internet), belegt im Nachhinein lediglich, was für einen Blödsinn Menschen manchmal glauben.

Im Umkehrschluss bedeutet dies, dass es ausgesprochen lohnenswert sein kann, die **Werbung** von Banken und Investmentgesellschaften in Geldzeitschriften und Tageszeitungen zu studieren. Wenn bei Privatanlegern erst einmal massenweise Produkte (also Fonds, Zertifikate und so weiter) angepriesen werden, ist dies aufschlussreich, und man sollte genauer hinsehen. Denn die Letzten, die auf eine Anlagemode aufspringen, sind in der Regel Kleinanleger. Sind alle an Bord, geht es dann abwärts.

Ich selbst unterhalte mich – das liegt an meinem Beruf – mit unvorbelasteten, »normalen« Menschen über Geldanlage, also zum Beispiel beim Taxifahren, beim Friseur oder in der Tankstelle. Wenn ich dort erfahre, dass man nun unbedingt wirklich absolut Brennstoffzellen-Aktien kaufen sollte (»Superzyklus«, »die Energie der Zukunft« und so weiter), ist dies für mich hochinteressant. Ich bin überzeugt, dass es kaum ein besseres Warnsignal gibt.

Doch zu wissen, was man *nicht* kaufen sollte, ist nur die eine Seite der Medaille. Irgendwie muss man schließlich herausfinden, was ein *gutes* Investment sein könnte. Meistens ist in meiner Erfahrung genau das eine Überlegung wert, was gerade überhaupt nicht in Mode ist. Anfang 2009, also mitten in einer dramatischen Börsen- und Wirtschaftskrise, die von extremer Risikoaversion geprägt war, rieten mir beispielsweise fast alle Menschen, die ich darauf ansprach, von Aktienkäufen ab. (Dies galt übrigens für Privatanleger ebenso wie für Berater in Bankfilialen, die sogenannten Profis. Ganz sicher gibt es Ausnahmen, also Bankmitarbeiter, die gezielt antizyklisch denken; ich kenne nur keine.) Investieren in den – noch ein Jahr zuvor so gerühmten – BRIC-Schwellenländern? Die Reaktionen deckten das gesamte Spektrum zwischen Wundenlecken, Furcht und Hysterie ab: Nach Kursstürzen von 50 bis 80 Prozent binnen eines einzigen Jahres schienen die plötzlich unsexy zu sein.

In der ersten Jahreshälfte 2014, als die aktualisierte Neufassung dieses Buchs entstand, waren viele (wenngleich nicht alle) Emerging Markets ein weiteres Mal aus der Mode gekommen – dies zu einer Zeit, in der viele Weltbörsen Höchstkurse markierten. Noch unbeliebter waren die Anlagesegmente der Rohstoff- und Goldminenaktien. Eine interessante Situation. Ich bin der festen Überzeugung, dass man genau dann Aktien und andere Wertpapiere kaufen sollte, wenn sich gerade so gut wie kein anderer dafür begeistern kann, weil – aus welchen Gründen auch immer – Furcht oder Desinteresse unter Anlegern, Beratern und Journalisten vorherrschen.

Das gilt auch umgekehrt: Stürzt sich die ganze Welt auf einzelne Investment-Ideen, ist dies im Großen und Ganzen ein prima Verkaufssignal. In der Regel endet ein Anlageboom in kollektiver Euphorie, auf die ein jäher Absturz folgt.

Deshalb hier das Fazit, das für einzelne Leser vielleicht der wichtigste Satz in diesem Buch ist: Nichts ist bei der Geldanlage so gefährlich wie einer Mode zu folgen. Wann immer ein Produkt oder ein Investment-Segment auf die unkritische Begeisterung großer Anlegergruppen trifft, sollte man meines Erachtens sehr vorsichtig sein. In solchen Zeiten ist es sinnvoll, nicht über Käufe nachzudenken, sondern über Verkäufe.

V. So geht Geld

Kapitel 19:
Die To-Do-Liste

Die persönlichen Finanzen – vom eigenen Girokonto über Versicherungen und die Altersvorsorge bis hin zu langfristigen Anlageentscheidungen und spekulativ-kurzfristigen Börsengeschäften – ist für die meisten Menschen eine komplizierte, zeitraubende und oft langweilig-frustrierende Angelegenheit. Um den Zugang zu diesen Themen verdaulicher zu gestalten und konkrete Anregungen zu geben, was jeder tun sollte und was nicht, fasse ich einige der wichtigsten Tipps hier noch einmal zusammen. Hilfreich könnte es an dieser Stelle für den einen oder anderen sein, zum Vergleich die Empfehlungen aus dem ersten Kapitel dieses Buches heranzuziehen – die beiden To-Do-Listen ergänzen sich inhaltlich.

Entscheidend ist dabei nicht, sich gedankenlos auf jede einzelne Empfehlung zu verlassen. Viel wichtiger: In Finanzdingen sollte man niemals den gesunden Menschenverstand ausschalten, sondern jeden Rat kritisch und selbstbewusst hinterfragen und prüfen, ob er in der eigenen Lebenssituation relevant und klug ist. Dies gilt unabhängig davon, ob eine Empfehlung von einem professionell wirkenden Berater ausgesprochen wird, von einem guten Bekannten (der auf den ersten Blick Ahnung zu haben scheint), vom Lebenspartner (»mein Mann kümmert sich um unser Geld«) oder vom Autor dieses Buches.

Eine Orientierungshilfe – allerdings nicht mehr – können bei der Gestaltung und Neuordnung der eigenen Finanzen die folgenden 17 Empfehlungen geben:

- Richten Sie ein **kostenloses Girokonto** ein und sparen Sie Monat für Monat Gebühren. Viele Banken und Sparkassen bieten ihren Kunden inzwischen gebührenfreie Konten an, sofern relativ nachvollziehbare Bedingungen – zum Beispiel ein regelmäßiges monatliches Einkommen – eingehalten werden.

- Legen Sie einen **Notgroschen** für schwierige Zeiten an. Faustregel: Dieses Sicherheitspolster darf etwa drei monatliche Nettoeinkommen umfassen und sollte jederzeit verfügbar sein. Ideal hierfür ist trotz der zurzeit extrem unattraktiven Zinsen ein **Tagesgeldkonto**.

- Stecken Sie einen weiteren Teil Ihrer Ersparnisse in **Gold** und betrachten Sie diese Rücklage nicht als »Investment«, sondern als »Versicherung« für künftige Finanzkrisen.

• Stellen Sie sicher, dass Sie und Ihre Angehörigen an jedem Tag Ihres Lebens **privaten Haftpflichtschutz** haben.

• Schließen Sie, wenn im Rahmen Ihrer finanziellen Möglichkeiten irgendwie machbar, möglichst früh im Leben eine ausreichend ausgestattete **Berufsunfähigkeitsversicherung** ab. Übernehmen Sie die Beiträge für Ihre Kinder, wenn diese die Absicherung gegen Berufsunfähigkeit nicht aus eigener Kraft leisten können – etwa wenn sie wegen ihrer Ausbildung oder eines Studiums knapp bei Kasse sind.

• Kündigen Sie **überflüssige Versicherungen**. Stecken Sie das so gesparte Geld in Ihre Altersvorsorge.

• Machen Sie sich den Unterschied zwischen **nominalen** und **realen** Vermögenswerten klar. Schichten Sie tendenziell von nominalen in reale Anlageformen um.

• Kaufen Sie ein für Sie passendes **Eigenheim** zu einem vernünftigen Preis und tilgen Sie bei Finanzierung durch eine Bank die Hypothek zügig.

• Nutzen Sie, sofern Sie riesterberechtigt sind, die **Riester-Rente**.

• Informieren Sie sich über die Möglichkeiten, die Ihnen Ihr Arbeitgeber im Rahmen der **betrieblichen Altersversorgung** bietet, und nutzen Sie diese früh und umfangreich.

• Eine vernünftige Altersvorsorge setzt auf **viele verschiedene Bausteine.** Hierzu zählen die gesetzliche Rente; Riester- und Rürup-Verträge; die verschiedenen Spielarten der betrieblichen Altersversorgung; private Investments (wie Aktien, Anleihen, Investmentfonds, ETFs, Kapital-Lebensversicherungen); und selbstgenutzte und/oder vermietete Immobilien.

• Nutzen Sie für die langfristige Vermögensbildung auch **Aktien** beziehungsweise aktien- und börsenbasierte Wertpapiere (etwa Indexfonds). Bauen Sie Berührungsängste ab, indem Sie testweise einen kleinen Betrag an der Börse investieren und erfahren, was passiert – und was nicht.

• Vermeiden Sie tendenziell den Kauf weiterer Anteile an **aktiv gemanagten Investmentfonds.** Nutzen Sie für Ihre Altersvorsorge stattdessen Direktinvestments in Aktien oder passive Anlageformen wie **Indexfonds** (ETFs).

• Ignorieren Sie sämtliche **Wirtschafts- und Finanzprognosen,** zum Beispiel Schätzungen des Wirtschaftswachstums für das kommende Jahr oder des Jahresendstands an den Börsen. Diese Prognosen waren schon immer großer Quatsch, und sie werden es immer sein. Wer sich auf sie verlässt und seine Anlageentscheidungen danach ausrichtet, nimmt an einem Glücksspiel teil.

• Fragen Sie sich ehrlich, wie Sie psychisch mit herben **Anlageverlusten,** die bei bestimmten Anlageklasse (zum Beispiel

Aktien und Fonds) auftreten können, klarkommen. Finden Sie den für sich passenden Risikomix: Wer schon bei kleinen Verlusten den Schlaf verliert, sollte mit einem recht großen Anteil seines Kapitals besonders sichere Anlageformen wählen. Umgekehrt sollten jene, die auch ein vorübergehender Einbruch der Märkte um 30 Prozent ruhig schlafen lässt, ein eher dynamisches Risikoprofil eingehen – denn die riskanteren Anlagen haben langfristig die höchsten Renditen.

• Hören Sie Ihrem **Bank- oder Vermögensberater** immer genau zu und stellen Sie seine Ratschläge kritisch zur Diskussion. Fragen Sie ihn, was ihn zu seinem Ratschlag motiviert; wie er bei einem Befolgen seiner Empfehlung honoriert wird (Provision?); und ob seine Empfehlung mit Ihren persönlichen Spar- und Lebenszielen korrespondiert. Ziehen Sie immer in Erwägung, das genaue Gegenteil von dem zu tun, was Ihnen Ihr Bankberater rät.

• Kümmern Sie sich auch in schlechten Börsenzeiten um Ihr Geld – gerade dann. Die **Vogel-Strauß-Strategie** mit dem Kopf im Sand (»ich will es gar nicht wissen«) führt nie zu einem Erkenntnisgewinn.

Über den Autor

Michael Braun Alexander, Jahrgang 1968, lebt zurzeit als Asienkorrespondent für mehrere deutschsprachige Zeitungen und Zeitschriften in Mumbai, Indien.

Nach dem Abitur studierte Braun Alexander Wirtschaftswissenschaften, Politik und Philosophie am Magdalen College der Universität Oxford. Anschließend beschäftigte er sich an der Paul H. Nitze School of Advanced International Studies (SAIS) in Bologna und Washington D.C. im Rahmen eines Graduiertenstudiums mit internationalen Wirtschafts- und Finanzsystemen. Nach einem Volontariat in der Wirtschaftsredaktion des *Hamburger Abendblatts* arbeitete er von 1997 bis 1999 als Auslandskorrespondent für den Axel Springer Verlag in New York. In den folgenden Jahren leitete er als Chefredakteur die Redaktion von *Finanzen/€uro*, eines der größten Wirtschaftsmagazine in Deutschland.

Der Finanzexperte ist in verschiedenen Funktionen für mehr als 50 Publikationen und Verlage im deutschsprachigen Raum tätig geworden, darunter *BörseOnline*, *Capital*, *Cosmopolitan*, *Die Welt*, *€uro am Sonntag*, *Financial Times Deutschland*, *Welt am Sonntag* und *Wirtschaftswoche*. Einer breiten Öffentlichkeit wurde er als langjähriger Geldkolumnist der *Freundin* bekannt.

Braun Alexander ist Autor zahlreicher Sachbücher und Romane. Sein Ratgeber *So geht Geld*, der hier in aktualisierter und erweiterter Neufassung vorliegt, schaffte es 2011 auf die Shortlist des Deutschen Finanzbuchpreises. Für die Euro-Berichterstattung im *Hamburger Abendblatt* wurde er 1997 gemeinsam mit Stephanie Heise mit dem Ludwig-Erhard-Förderpreis für Wirtschaftspublizistik ausgezeichnet.

Sachbücher
Wenn Geld stirbt
So geht Geld
Rundum sicher mit Geld mit Carola Ferstl

Romane
Madame Jakublonskis Monstrositäten-Cabinet
Bräutigame
UG2
Jericho oder Das feine Gesicht des Himmels

Register